OBSERVATIONS

SUR LE DROIT

DE SOUVERAINETÉ DE LA FRANCE

SUR

SAINT-DOMINGUE.

OBSERVATIONS

SUR LE DROIT

DE SOUVERAINETÉ DE LA FRANCE

SUR

SAINT-DOMINGUE,

ET

SUR LES DROITS DES COLONS PROPRIÉTAIRES DE CETTE ILE.

Par M. DARD,

ANCIEN JURISCONSULTE.

PARIS,

LIBRAIRIE DE GIDE FILS,

RUE SAINT-MARC-FEYDEAU, N° 20.

A. ÉGRON, IMPRIMEUR-LIBRAIRE,

RUE DES NOYERS, N° 37.

1823.

INTRODUCTION.

Ce n'est point assez, pour les puissances de la Sainte-Alliance, d'avoir assuré, en Europe, le triomphe des principes salutaires de la souveraineté et de la légitimité des couronnes ; l'œuvre de ces puissances demeurerait imparfaite, et la sûreté de tous les trônes continuerait à être compromise, si l'usurpation et la révolte, vaincues en Europe, sortaient victorieuses en Amérique, de la lutte dans laquelle elles sont engagées avec les diverses monarchies européennes, et particulièrement avec l'Espagne et la France.

Les gouvernemens monarchiques de l'Europe ne peuvent exister avec sécurité, qu'autant que les gouvernemens se disant constitutionnels qui s'efforcent, en ce moment, de se fonder en Amérique, seront détruits. C'est une conséquence des rapports aujourd'hui établis entre l'Europe et l'Amérique, et de la direction donnée à l'esprit des peuples.

Convaincus de la nécessité de réprimer cette tendance générale des peuples à changer les formes des gouvernemens monarchiques, les Souverains de la Sainte-Alliance qui, au congrès de Vérone et dans les congrès précédens, ont déclaré qu'il était de leur devoir de combattre, par la force des armes, les révolutions de Naples, de Piémont et d'Espagne, feront l'application des principes, proclamés dans ces congrès, aux révolutions de l'Amérique, et ils emploieront, pour les éteindre, les puissans moyens que la providence a mis dans leurs mains pour le bonheur et la tranquillité des peuples.

Les puissances de la Sainte-Alliance pourraient-elles hésiter à secourir l'Espagne contre ses sujets insurgés d'Amérique, lorsqu'elles ont jugé indispensable, pour leur propre sûreté, de rétablir l'autorité royale en Espagne dans toute sa plénitude, et de la dégager des entraves qu'une faction avait osé mettre au libre exercice de son pouvoir? Les maximes d'ordre politique qui ont conseillé, et on pourrait dire qui ont commandé la guerre d'Espagne, n'existent-elles pas pour la guerre contre les insurgés d'Amérique ? La France surtout, encore plus que les autres puissances de la Sainte-Alliance, n'a-t-elle pas un immense intérêt à ce que les colonies espagnoles rentrent sous la domination de l'Espagne? C'est pour elle l'intérêt de la conservation de ses propres colonies, l'intérêt de son agriculture, de son commerce, celui de ses manufactures et de sa nombreuse population.

Il faudrait être bien aveugle pour ne pas voir que la séparation des colonies espagnoles et leur affranchissement de toute dépendance de la mère-patrie, entraînera tôt ou tard la séparation et l'indépendance des colonies françaises : or, la prospérité de la marine de la France, celle de son agriculture, de son commerce et de ses manufactures est entièrement subordonnée à la conservation de ses propres colonies et à celle des colonies espagnoles par l'Espagne. Les relations de commerce entre la France et l'Espagne, sont telles, que la plus grande partie de l'argent que cette dernière puissance et ses sujets en Europe, retirent d'Amérique, se reverse en France, et vient y payer les produits de notre sol et de nos fabriques que les Espagnols y achètent. Ainsi, l'intérêt réel de la France est donc que l'Espagne soit riche, et elle ne peut l'être si elle est privée de ses vastes états en Amérique.

Le ministère français ne laissera pas échapper une occasion si favorable pour les intérêts commerciaux de la France. Quoi que aient dit les journaux anglais, certainement mal informés, le cabinet du Roi de France n'a pas déclaré au cabinet de Saint-James que la France était décidée à ne donner aucun secours à l'Espagne, pour l'aider à reconquérir ses colonies. Une déclaration aussi contraire à l'étroite alliance qui existe entre les deux couronnes, serait en opposition avec les principes proclamés par les puissances de la Sainte-Alliance. Elle devrait faire craindre que l'Espagne, abandonnée par la France dans une position aussi critique pour elle, ne fût entraînée à contracter à son préjudice, une alliance plus intime avec la Russie, afin d'obtenir de cette dernière puissance les secours que la première lui aurait refusés. Cette faute du cabinet français ferait passer toute entière, à la Russie, l'influence que tant de motifs devraient assurer à la France sur la péninsule; et la Russie, plus sage que nous dans ses déterminations , recueillerait seule les avantages politiques et commerciaux que la France avait le droit d'attendre de l'Espagne , moins encore comme un juste dédommagement des dépenses de la dernière guerre, que comme une continuation des relations commerciales qui subsistent entre les deux nations depuis le célèbre traité des Pyrénées de 1659. Enfin , l'Espagne n'étant pas secourue à temps par les puissances de la Sainte-Alliance , dans sa lutte avec les insurgés de l'Amérique méridionale , et dans l'impossibilité d'envoyer des forces pour faire triompher son droit de souveraineté , pourrait finir par accepter les propositions qui lui seraient faites par l'Angleterre , de reconnaître l'indépendance de cette partie de ces colonies , en recevant un prix pour cette reconnaissance. C'est aux puissances de la Sainte-Alliance , et particulièrement à la France , à prévoir qu'elles seraient, pour elles , les conséquences de l'indépendance de l'Amérique méridionale , sous la protection de l'Angleterre.

Le ministère français, nous le répétons, est trop éclairé pour ne pas éviter les deux écueils que nous venons de signaler ; il n'attendra pas , pour aider la malheureuse Espagne , la réunion d'un nouveau congrès de la Sainte-Alliance , ou des invitations de la part d'une autre puissance , semblables à celles dont M. le président des ministres a fait l'aveu dans la séance du comité secret de la Chambre des Députés, à la dernière session. Il ne restera pas inactif lorsque l'Angleterre ne prend même plus le soin de dissimuler ses projets sur l'Amérique méridionale ; lorsqu'elle envoie des consuls qu'elle accrédite auprès des gouvernemens des insurgés ; qu'elle arme ses flottes, et qu'elle augmente son armée de terre. Quelle serait donc cette politique pusillanime qui ferait fléchir les principes de la Sainte-Alliance devant les intérêts mercantiles de l'Angleterre ? Les puissances continentales de l'Europe doivent-elles se soumettre aveuglément à tout ce que ces intérêts pourront exiger ? N'ont-elles donc aucuns moyens de balancer, par leur alliance intime, la puissance maritime de l'Angleterre ? S'il en était ainsi, toutes les puissances de l'Europe feraient bien de renoncer, dès ce moment, à tous leurs établissemens coloniaux et maritimes, car ces établissemens seraient détruits, le jour où leur existence compromettrait les intérêts du commerce des sujets britanniques. Nous sommes donc fondés à croire que les puissances de la Sainte-Alliance ne dévieront pas, dans l'importante affaire des Etats espagnols de l'Amérique méridionale, des principes qu'elles ont suivis dans les affaires de la péninsule. Et qu'on veuille bien y faire attention, il ne s'agit pas seulement, pour ces puissances, d'assurer en Amérique le triomphe des principes que la Sainte-Alliance a proclamés en Europe, mais encore de conserver à leurs peuples le commerce avec l'Amérique, commerce dont l'Angleterre veut depuis long-temps procurer à ses sujets le monopole, en remplacement du commerce de l'Europe, qui diminue tous les jours pour eux.

C'est à ce résultat, d'une influence immense sur la prospérité future de l'Angleterre ; que tendent les efforts de son ministère, et vers lequel il marche avec beaucoup d'habileté, sans en être détourné par les révolutions qui agitent l'Europe.

Au reste, on est dans l'erreur sur la véritable situation des royalistes dans les colonies espagnoles, comme on l'était sur le nombre des royalistes en Espagne, avant la guerre qui vient de finir ; on ignore les nombreux partisans et sujets dévoués que l'Espagne a conservés par les lois sages que les rois d'Espagne ont données à ces peuples, et par l'administration paternelle de ses vice-rois et intendans ; il suffirait d'une faible partie des moyens employés dans la guerre de la péninsule, pour replacer toute l'Amérique espagnole sous les lois de son légitime souverain, et pour renverser des gouvernemens nouveaux, sans racines dans les mœurs et dans les habitudes des peuples, et dirigés par des hommes d'état sans expérience.

C'est à ces causes qu'on doit attribuer les succès presque fabuleux du général Morillo, dans le royaume du Mexique, qui, avec un très-petit nombre de troupes royalistes espagnoles, a résisté à toutes les armées constitutionnelles de la Colombie ; et la lutte soutenue dans le royaume du Pérou, avec un grand avantage, par le vice-roi don Joseph de la Serna, sans aucun secours de la métropole.

Si, dans la guerre de la péninsule, la France seule, quoique agissant au nom de la Sainte-Alliance, a fait marcher ses armées, c'est qu'elle a refusé le secours des armées des autres puissances qui auraient dû traverser son territoire. Mais elle n'a pas les mêmes motifs pour refuser le concours des autres puissances dans la guerre contre les insurgés d'Amérique, n'étant plus d'ailleurs que l'auxiliaire de l'Espagne. L'expédition concertée avec les puissances de la Sainte-Alliance, pour faciliter à l'Espagne la soumission de ses colonies, doit donc être composée des troupes et des vaisseaux appartenant à ces diverses puissances, d'après des stipulations convenues entre elles.

Cette union de toutes les puissances produirait une force morale qui doublerait les forces réelles de l'expédition, en ôtant d'avance aux insurgés tout espoir de succès.

En même temps que la France prendrait part, comme auxiliaire de l'Espagne et avec les armées de la Sainte-Alliance, à l'expédition générale, elle ne manquerait pas de s'occuper des moyens de reconquérir la partie française de l'île de Saint-Domingue.

Dans la supposition même, difficile à admettre, où aucune puissance de l'Europe ne se déterminerait à faciliter à l'Espagne les moyens de recouvrer ses colonies, la France ne pourrait pas rester plus long-temps sans prendre un parti définitif sur Saint-Domingue. Quelle sera, sur cet objet important, la résolution du ministère français? Nous l'ignorons; mais il suffit que cette résolution soit nécessairement prochaine, qu'elle soit liée à celles que prendront les puissances de la Sainte-Alliance, à l'égard des colonies espagnoles , et que ses conséquences sur tout le système colonial de la France soient immenses , pour que les observations que nous publions puissent être de quelque utilité. Elles sont extraites d'un plus long travail , préparé avec M. *Bergasse* , il y a quelques années, pour les colons de Saint-Domingue , et qui était destiné à être présenté aux deux Chambres.

Les intentions des ministres sont sans doute bonnes et droites , mais elles peuvent avoir besoin d'être éclairées par l'opinion publique : or, les journaux qui sont, dans un gouvernement représentatif, les organes de cette opinion , étant de fait sous la *dépendance absolue du ministère*, la presse est le seul moyen qui reste pour faire connaître des vérités utiles.

OBSERVATIONS

SUR

LE DROIT DE SOUVERAINETÉ DE LA FRANCE

SUR SAINT-DOMINGUE,

ET

SUR LES DROITS DES COLONS PROPRIÉTAIRES
DE CETTE ILE.

Près de dix années se sont écoulées depuis que, par le traité de paix du 30 mai 1814, le droit exclusif de la France à la souveraineté de la partie française de Saint-Domingue, telle qu'elle existait avant le traité de Bâle, du 4 thermidor an III (juillet 1795) a été reconnu par toutes les puissances de l'Europe.

A l'époque de ce traité la France a donc recouvré la souveraineté de droit de cette belle et intéressante colonie ; et cependant il ne paraît pas que son gouvernement ait encore fait aucun acte de prise de possession de ce droit de souveraineté.

Les sujets français, seuls propriétaires légitimes de biens dont ils n'ont abandonné la possession que pour se soustraire à une mort trop certaine, attendent depuis près de dix an-

nées, avec une respectueuse confiance , ce que la haute sagesse du Roi a pu concevoir, et ce que l'habileté de ses
ministres a pu exécuter pour réparer , au moins en partie ,
les malheurs dont ils sont victimes.

Ils attendent, avec tout le commerce de France, dont le
vœu pour le rétablissement de la colonie de Saint-Domingue
a été, depuis la restauration , exprimé par les nombreuses
adresses des Chambres de Commerce , ce que les circonstances permettent de faire pour que la souveraineté de Saint-
Domingue, qui appartient à la France , cesse d'être un droit
illusoire.

Ils attendent qu'on s'explique enfin sur ce qu'il convient
d'entreprendre, afin qu'en même temps que nos manufacturiers et nos négocians trouveront , dans les nouveaux rapports établis entre la France et la colonie , une partie des
avantages qu'ils retiraient du commerce immense qu'ils faisaient avec elle , eux propriétaires soient réintégrés dans les
propriétés dont la rébellion les a dépouillés , ou, au moins ,
que si le plein exercice de leur droit de propriété paraissait
impossible à quelques esprits prévenus ou peu éclairés,
ils reçoivent une juste indemnité pour l'abandon qu'ils
seraient obligés de faire pour cause d'intérêt public.

Ils attendent surtout qu'une loi équitable , qui leur est
depuis long-temps promise , concilie les intérêts des colons
et ceux de leurs créanciers dont les obligations ont pour
cause des ventes d'habitations , de maisons et de nègres à
Saint-Domingue , ainsi que pour avances faites à la culture
de ladite colonie ; et , jusqu'à ce que cette loi juste soit
rendue, ils demandent que le sursis, qui leur avait été accordé et qui est expiré, soit prorogé.

Mais l'espoir que les sujets français, colons de Saint-Domingue, avaient conçu ne s'est point réalisé ; aucun acte du

gouvernement ne semble annoncer, de sa part, l'intention , au moins prochaine, de s'occuper efficacement du rétablissement de cette importante colonie.

On a prétendu que sous le précédent ministère il existait des négociations qui tendaient à faire renoncer la France à la souveraineté de Saint-Domingue, en même temps que son gouvernement renoncerait, pour ses sujets propriétaires, à leur droit de propriété. Nous ne pensons pas que parmi les personnes attachées alors à l'administration générale de l'état, il se soit trouvé des hommes assez ennemis de l'honneur de leur prince et de la prospérité de leur pays, pour avoir conçu un projet profitable, sans doute, à quelques intérêts particuliers, mais qui compromet si essentiellement l'intérêt de tous.

Dans cette supposition cependant, à laquelle nous ne dissimulons pas qu'on a pu accorder quelque croyance, attendu l'absence de toute mesure de la part du gouvernement pour recouvrer Saint-Domingue, les sujets français, colons propriétaires, peuvent d'autant moins garder le silence, qu'il ne s'agit pas seulement de défendre leurs droits particuliers , mais encore les droits de la couronne, et d'éclairer les Ministres actuels et les deux Chambres, s'il en est encore temps, sur les conséquences funestes d'une cession qui ne peut avoir lieu sans porter un préjudice incalculable à tout notre système colonial, aux progrès de notre commerce et de nos manufactures, et, par suite, à la prospérité de notre marine marchande et militaire.

Des considérations aussi puissantes ont suggéré les observations qu'on va lire ; elles sont divisées en quatre chapitres.

Dans le premier , on expose l'état de Saint-Domingue depuis l'époque de sa réunion à la France jusqu'à la révolution ;

Dans le second , on rend compte des négociations entamées depuis la restauration , pour recouvrer Saint-Domingue :

Le troisième traite du droit de souveraineté de la France sur Saint-Domingue , et de ce qui reste à faire, soit dans l'intérêt de la France, soit dans celui des colons propriétaires ;

Le quatrième et dernier a pour objet les droits des colons propriétaires , et les obligations dont le gouvernement peut être tenu envers eux.

Il ne s'agit pas ici d'une affaire ordinaire : si les questions qu'elle présente étaient discutées chez nos voisins, toutes les classes de la société s'intéresseraient dans les délibérations auxquelles elles pourraient donner lieu ; et ce ne serait pas sans avoir beaucoup réfléchi sur les effets que leur décision pourrait opérer, que les premiers corps de l'Etat se permettraient d'avoir une opinion et de la convertir en loi. Il faut espérer qu'il en sera de même parmi nous, et que, si nous nous félicitons , jusqu'à un certain point , d'avoir adopté les institutions anglaises , nous nous occuperons surtout d'imiter les Anglais dans le régime de leurs colonies et dans l'intérêt qu'ils portent à tout ce qui peut contribuer à l'accroissement de leur commerce et au développement de leur marine.

CHAPITRE PREMIER.

De Saint-Domingue depuis le moment où cette colonie a été acquise à la France, jusqu'à l'époque de la révolution française.

La partie française de l'île de Saint-Domingue était, de toutes les possessions de la France dans le Nouveau-Monde, la plus importante par les richesses qu'elle procurait à sa métropole, et par l'influence qu'elle avait sur son commerce et son agriculture.

Cette partie forme la portion occidentale de cette île immense, dont les Espagnols occupent la partie orientale.

L'étendue de la partie française de Saint-Domingue est d'environ soixante-quinze lieues de long, sur une largeur qui, variant depuis sept jusqu'à quinze lieues, peut être évaluée à onze lieues de largeur moyenne.

D'après ces données qui offrent un résultat d'environ dix-sept cents lieues carrées, et en faisant attention que cette partie de l'île comprend beaucoup de montagnes, on peut en évaluer la surface à deux mille lieues carrées qui, réunies aux trois mille deux cents lieues carrées que contient la partie espagnole, donne, pour la surface totale de l'île de Saint-Domingue, cinq mille deux cents lieues carrées, dont la colonie française ne forme guère plus d'un tiers, quoique par sa configuration elle ait au moins cinquante lieues de côtes de plus que la partie espagnole.

La population de la partie française de Saint-Domingue,

était, en 1789, d'environ cent vingt mille individus , divisés de la manière suivante : Quarante mille blancs ; vingt mille affranchis ou descendans d'affranchis , et quatre cent cinquante deux mille esclaves , ce qui donne une population de deux cent soixante individus par lieue carrée. Dès son origine , le territoire de la colonie française de Saint-Domingue a été divisé en trois portions qui forment des divisions distinctes, et qu'on appelle partie du Nord, partie de l'Ouest, etc. Partie du Sud , dénominations prises du point du ciel auquel répond le chef-lieu de ces trois parties.

La partie du Nord, dont le Cap était le chef-lieu, est la première que les Français aient établie , et elle était la plus importante par sa situation militaire et maritime , et par sa population. Elle était divisée en vingt-une paroisses , sur la surface d'environ quatre cent quatre-vingts lieues carrées. On comptait, en 1789, seize mille blancs de tout âge ; neuf mille gens de couleur libres , et cent soixante-dix mille esclaves. Elle renfermait , à elle seule, deux cent quatre-vingt-huit sucreries , quatre cent quarante-trois indigoteries , deux mille neuf caféteries ; quarante-six guildiveries , dix-neuf briqueteries , six tanneries , cent vingt-cinq fours à chaux , onze poteries , sept cacaoteries ; quinze mille chevaux , vingt-quatre mille mulets, et quatre-vingt-huit mille bœufs, moutons, chèvres et cochons.

C'est à cette partie du nord de Saint-Domingue, qu'appartient la petite île de la Tortue, qui fut pendant longtemps l'asile de ces fameux aventuriers appelés les Flibustiers, qui , après avoir étonné l'univers par leur audace et leurs exploits, consacrèrent à l'agriculture des bras si longtemps employés par la victoire, et furent les premiers fondateurs de Saint-Domingue.

La partie de l'ouest avait trois sénéchaussées et trois amirautés, le nombre de ses paroisses était de dix-sept; sa surface de huit cents lieues carrées, contenait environ quatorze mille blancs de tout âge; douze mille cinq cents gens de couleur libres, et cent soixante-huit mille esclaves.

On comptait dans cette partie de la colonie trois cent quatorze sucreries, mille huit cent quatre indigoteries, cinq cent quarante-une cotonneries, huit cent onze caféteries, quatre-vingt guildiveries, dix briqueteries et tuileries, cent cinquante-cinq fours à chaux, huit poteries, sept cacoyeries, dix-huit mille chevaux, dix-sept mille mulets, et quatre-vingt-dix-neuf mille bœufs, moutons, pourceaux et chèvres.

Le môle Saint-Nicolas, qui a été appelé quelquefois, à cause de sa position dans la mer des Antilles, le *Gibraltar* du nouveau monde, et où débarqua Christophe Colomb, le 6 décembre 1492, dépendait de la partie de l'ouest; les vaisseaux peuvent entrer et sortir tous les jours dans le port de Saint-Nicolas; il est susceptible de défense et d'établissemens maritimes, ainsi que de recevoir les plus grandes armées navales.

C'est dans cette même partie que sont situées les villes de Saint-Marc et du Port-au-Prince.

La partie du sud dont le chef-lieu était les Cayes, est d'environ sept cents lieues carrées, elle offre au petit Goave et à Saint-Louis, deux magnifiques ports, et plusieurs autres rades ou baies.

La population de cette partie était de dix mille blancs, six mille cinq cents affranchis, cent quatorze mille esclaves. On y trouvait cent quatre-vingt-onze sucreries; neuf cent trois indigoteries, cent quatre-vingt-deux cotonneries, quarante cacaoyeries, deux cent quatre-vingt-dix-sept caféteries, cinquante-six guildiveries, sept briqueteries-tuileries, dix poteries, quatre-vingt-dix fours à chaux, sept mille mulets, et soixante-trois mille autres animaux de diverses espèces.

La France employait autrefois, au commerce de Saint-Domingue, sept cent cinq cinquante gros bâtimens, montés par quatre-vingt mille matelots. D'après des états des Douanes, l'importation nationale s'est élevée à la somme de 220,783,683 livres, et l'importation étrangère à 54,688,600 livres tournois ; total de l'importation 255,372,078 livres tournois. L'exportation nationale a été de 399,627,078 livres tournois ; l'exportation étrangère 45,716,600 , en ajoutant 16,000,000 de livres tournois de denrées non déclarées. Le total de l'exportation a été de 461,343,678 livres tournois.

Ainsi le commerce d'importation et d'exportation monta, en 1789, à la somme de 716,715,962 livres tournois, somme exorbitante quand on fait attention que l'importation et l'exportation générales du Royaume, pour la même année, ne s'élevèrent qu'à 1,097,762,000 livres. La colonie de Saint-Domingue, le grand marché du Nouveau Monde, embrassait à elle seule, en 1789, près des deux tiers des intérêts commerciaux de la France.

Les impôts perçus au profit de la métropole, produisaient à cette même époque de 1789, en contributions directes sur les produits de la culture, 6,924,166 livres tournois ; en contributions indirectes, 14,673,014 livres tournois. Total de l'impôt 121,597,180 livres tournois.

Saint-Domingue contenait quatorze villes, vingt-cinq bourgs, neuf mille habitations ; deux millions deux cent quatre-vingt-neuf mille quatre cent quatre-vingts acres de terre en culture. On évalue à cinq millions le nombre de Français régnicoles alimentés par le commerce de Saint-Domingue, dans des ports et des ateliers, dans des manufactures ou des villes enrichies par lui : tel était l'état de la colonie française de Saint-Domingue et de sa prospérité sur le commerce de France, à l'époque du 14 mai 1791.

Le gouvernement de Saint-Domingue, de même que le gouvernement de toutes nos autres colonies, a d'abord été propriétaire avant d'être royal. Les détails dans lesquels on va entrer à ce sujet, sont nécessaires pour apprécier justement les droits que les colons invoquent, et déterminer les droits de la France sur Saint-Domingue, en même temps que les obligations qui en dérivent envers les colons.

Le 30 septembre 1626, une compagnie se forma pour peupler et établir l'île de Saint-Christophe et autres, découvertes depuis le onzième jusqu'au dix-huitième degré de la ligne équinoxiale. Le cardinal Richelieu, comme chef, grand-maître et sur-intendant du commerce de France, accorda aux représentans de cette compagnie, une commission portant privilége exclusif pour l'exploitation des terres et mines pendant vingt années, à la charge de tenir ces îles sous l'autorité du Roi, et de lui rendre le dixième du produit.

Cette commission finit par défendre de recevoir pour ce voyage d'autres personnes que celles qui feraient leur soumission de demeurer trois ans avec les représentans de la compagnie, ou ceux qui auraient charge et pouvoir d'eux, pour servir sous leur commandement. Telle est l'origine de cette classe de colons qu'on appelait engagés. Les frais de passage, et l'espérance de devenir propriétaires de terres, étaient le prix de ces engagemens.

Les succès de cette Compagnie, quoique n'étant pas considérables, la portèrent à proposer, par un acte du 12 février 1635, d'établir les îles qu'elle découvrirait depuis le dixième jusqu'au trentième degré, à la charge, entre autres choses, d'y faire passer quatre mille Français catholiques, pendant l'espace de vingt années ; ces propositions furent acceptées au nom du Roi par le cardinal Richelieu.

Un arrêt du conseil d'état et les lettres-patentes sur cet arrêt du 8 mars 1645, confirmèrent les concessions faites à cette compagnie qui prit dès-lors le titre de *Compagnie des îles de l'Amérique.*

Les priviléges de cette compagnie furent augmentés par un édit du mois de mai 1642, lequel accorde « à perpétuité « aux associés de ladite compagnie, leurs hoirs, successeurs « et ayant-cause, la propriété des îles situées depuis le dixième « jusqu'au treizième degré inclusivement, au deçà de la ligne « équinoxiale ès-côtes de l'Amérique, en toute justice et « seigneuries, les terres, forts, rivières, ports, hâvres, « fleuves, étangs, et mêmement les mines et minières pour « jouir desdites mines conformément aux ordonnances : de « toutes lesquelles choses nous conserverons seulement le « ressort, la foi et l'hommage, qui nous sera fait, et à nos « successeurs rois de France, par l'un desdits associés au « nom de tous, à chaque mutation de Roi, et la provision « des officiers de justice souveraine qui nous seront présentés « et nommés par lesdits associés lorsqu'il sera besoin d'y en « établir.

« Pourront lesdits associés faire construire des places, et « construire des forts aux lieux qu'ils jugeront les plus com- « modes pour la conservation des colonies, et sûreté du « commerce. »

A cette première compagnie succéda la Compagnie des Indes Occidentales créée par un édit du mois de mai 1664. Sa Majesté, dans le préambule de l'édit, déclare « qu'elle a « estimé qu'il était de sa gloire et de la grandeur et avantage « de l'Etat de former une puissante compagnie pour faire « tout le commerce des Indes Occidentales, à laquelle nous

« voulons concéder toutes lesdites îles, celle de Cayenne , et
« toute la terre ferme de l'Amérique, depuis la rivière des
« Amazones , jusqu'à celle de l'Orénoque et les îles ap-
« pelées Antilles , possédées par les Français, le Canada,
« l'Arcadie, île de Terre-Neuve, et autres îles et terre ferme,
« depuis le nord dudit pays de Canada, jusqu'à la Virginie
« et Floride ; ensemble toute la côte d'Afrique , depuis le
« Cap-Vert, jusqu'au cap de Bonne-Espérance , soit que
« lesdits pays nous appartiennent pour avoir été ci-devant
« habités par les Français , soit que ladite compagnie s'y
« établisse en chassant ou en soumettant les sauvages ou na-
« turels du pays, ou les autres nations de l'Europe qui ne
« sont pas dans notre alliance, afin que ladite Compagnie,
« ayant établi de puissantes colonies dans lesdits pays, elle
« les puisse régir et gouverner par un même esprit et y établir
« un commerce considérable, tant avec les Français qui y
« sont déjà habitués et ceux qui s'y habitueront ci-après,
« qu'avec les Indiens et autres naturels habitans desdits pays,
« dont elle pourra tirer de grands avantages. »

Ledit édit accordait à la compagnie le privilége exclusif
du commerce pendant quarante années (art. 15); et d'autres
avantages considérables pour l'aider à soutenir les grandes
dépenses qu'elle était obligée de faire pour l'entretien des
colonies et du grand nombre de vaisseaux qu'elle envoyait
dans les pays concédés.

L'île de la Tortue et la partie française de Saint-Domingue
furent ajoutées un an après au nombre de nos possessions en
Amérique. L'établissement de l'île de la Tortue avait été
tenté en 1640, par les ordres du lieutenant-général ès-îles
de l'Amérique, gouverneur particulier à Saint-Christophe :
il y avait même eu des provisions du gouverneur de cette île,
expédiées en décembre 1654. Des aventuriers français et

étrangers avaient ensuite, les armes à la main, conquis sur les Espagnols, la partie française de Saint-Domingue, qu'ils habitaient sans chefs, ni forme de gouvernement; d'autres aventuriers vinrent se réunir à ceux-ci, sous la conduite d'un Français, M. *Dogeron*, qui entreprit de pousser ces deux établissemens sous l'autorité du Roi et de la compagnie qui le nomma pour gouverneur, et en obtint des provisions sur la fin de 1664. Il y fut reçu dans les premiers mois de 1665 avec beaucoup de satisfaction de la part des habitans qui reconnurent volontairement la domination du Roi de France.

M. Dogeron, dit Petit (du gouvernement des colonies, tome I), « sut ménager l'esprit des aventuriers de Saint-Do-
« mingue, de manière à leur faire accepter avec reconnais-
« sance des offres que le Roi leur faisait de sa protection, et
« à se soumettre à sa domination. »

Cette acceptation du Roi de France, pour souverain de la partie française de Saint-Domingue, ne fut pas pure et simple ; le même Petit, d'après le père Charlevoix (1), assure que « les aventuriers n'avaient accepté le gouvernement en-
« voyé par le Roi, qu'à condition de n'avoir d'autre seigneur
« que le Roi : de ne reconnaître en rien la compagnie, et de
« n'être pas troublés dans leur commerce avec les Hollan-
« dais qui les avaient jusque-là fait subsister. »

La preuve des conditions stipulées par les conquérans de Saint-Domingue, qui livrèrent ce pays à la France, se tire des lettres d'amnistie données par le Roi, au mois d'octobre 1671, à l'occasion d'une révolte survenue dans la colonie ; on lit dans les lettres d'amnistie rapportées par Petit, ce qui

____

(1) Histoire de Saint-Domingue, liv. VII.

suit : « A ces causes, nous avons , par ces présentes , accordé
« et accordons à nos sujets, habitant les îles de la Tortue et
« de Saint-Domingue, qui ont pris part à la rébellion, de
« quelques qualités et conditions qu'ils soient, tant séculiers
« qu'ecclésiastiques, l'amnistie générale de tout ce qui a été
« fait contre le bien de notre service, voulons que tous nos-
« dits *sujets* soient rétablis en tous leurs priviléges, libertés,
« franchises, immunités et droits dont ils ont joui, et ont
« dû jouir, conformément aux traités et conventions faits
« avec eux par le sieur Dogeron, que nous avons approuvés
« et ratifiés. »

Il serait à désirer qu'on eût le traité fait par M. Dogeron,
avec les habitans de Saint-Domingue : on y relirait les priviléges dont parlent les lettres qu'on vient de rapporter.

Les priviléges et franchises dont il est question, étaient
sans doute une exemption de toutes impositions royales : on
en trouve la preuve dans le Père Charlevoix , liv. IX, qui
rapporte une lettre de M. Ducasse, gouverneur de Saint-
Domingue, à M. de Pontchartrain , ministre de la marine,
de l'année 1699 , dans laquelle on lit le passage suivant :
« Sa Majesté, depuis la réunion de l'île à son domaine, les a
« aussi conservés (les habitans) dans les mêmes immunités,
« priviléges et franchises, et tous ses ministres ont engagé
« sa parole royale qu'il ne leur serait jamais imposé aucun
« droit. »

C'est de son consentement, en effet, et par elle-même,
que la colonie de Saint-Domingue s'est imposée pour la première fois en 1713, et qu'elle s'imposait ce qu'on y appelait
des *octrois* , pour certaines dépenses dont le Roi leur avait
fait proposer de se charger.

La propriété de la partie française de Saint-Domingue
n'avait jamais été, à proprement parler, qu'entre les mains

du Roi : un édit du mois de décembre 1674, avait révoqué la concession faite à la Compagnie des Indes-Occidentales, par l'édit du mois de mai 1664; la propriété, la seigneurie, le domaine des îles furent réunis au domaine du Roi, leur commerce fut rendu libre à tous les Français. « Nous avons, » porte l'édit, « uni et incorporé, unissons et incorporons au « domaine de notre couronne, toutes les terres et pays qui « appartenaient à ladite Compagnie, savoir: les pays de la « terre ferme d'Amérique, depuis la rivière des Amazones « jusqu'à celle d'Orénoque, et îles appelées Antilles, possédées « par les Français, pour être les fonds régis ainsi que les au- « tres fonds et domaines de notre royaume, etc. » Mais S. M. crut pour le bien du commerce et de l'établissement entier de cette colonie, devoir en aliéner une partie à une compagnie formée par un édit du mois de septembre 1698, sous le nom de *Compagnie royale de Saint-Domingue*, pour faire seule, pendant cinquante années, le commerce dans la partie de cette île, située depuis et compris le Cap Tiburon jusqu'à la rivière de Naylu, dans la profondeur de trois lieues, à prendre des bords de la mer dans toute sa longueur.

La compagnie de Saint-Domingue remit sa concession au Roi par acte du 2 avril 1720. Des lettres patentes du même mois ouvrirent, en conséquence, le commerce de ces quartiers de la colonie à tous les sujets du Roi, comme dans tous les autres lieux de son obéissance.

La Compagnie des îles de l'Amérique ayant fondé les premiers établissemens de Saint-Christophe, de la Guadeloupe et de la Martinique, en soutint les progrès en leur donnant une forme de gouvernement militaire et civil.

Elle porta sa première attention sur la défense de ces pays, par la création des capitaines-généraux; elle pourvut ensuite au gouvernement de la justice et de la police par la création de sénéchaux en chaque île : il est remarquable que les premiers sénéchaux furent en même temps les gouverneurs militaires : ainsi le gouvernement des armes fut réuni à celui de la justice et de la police sous le nom de *sénéchal*. à l'imitation de l'ancien gouvernement de France, où ces trois objets du gouvernement ont été dans les mains des sénéchaux et baillis jusqu'en l'année 1516.

Le gouvernement des colonies étant devenu royal, de propriétaire qu'il était d'abord, un règlement du 4 novembre 1671 adopta le gouvernement établi par la Compagnie de 1626, et détermina les pouvoirs des dépositaires de l'autorité dans chaque partie de l'administration pendant la propriété de la Compagnie de 1664 ; enfin l'édit du mois de décembre 1674, en révoquant cette compagnie, continua la même forme de gouvernement jusqu'à ce qu'il en fût autrement ordonné par Sa Majesté.

L'administration fut confiée, à différens égards, avec plus ou moins d'autorité et d'étendue : 1° aux gouverneurs lieutenans-généraux, qui ont succédé aux gouverneurs particuliers de chaque colonie; 2° aux intendans et commissaires départis pour le Roi, qui ont succédé aux agens généraux de la Compagnie ; 3° aux gouverneurs lieutenans-généraux, qui étaient en même temps intendans ; 4° aux conseils supérieurs de chaque colonie dont les pouvoirs ont été conservés, supprimés, ou modifiés à différens égards; 5° à des assemblées d'habitans en général ou par représentans.

Sous le gouvernement propriétaire des colonies, les affaires publiques se traitaient et se délibéraient dans les conseils auxquels les principaux officiers des milices, les députés de chaque Compagnie et les syndics des paroisses étaient appelés, surtout lorsque les délibérations avaient pour objet des dépenses pour lesquelles il était nécessaire d'établir des impositions. La compagnie ne prenait sur son domaine et les droits qui le composaient, que les dépenses de son administration ; ses officiers étaient, outre cela, autorisés à lever sur les habitans le montant de leurs appointemens, suivant les commissions de capitaines-généraux, de lieutenans, de sénéchaux qui leur avaient été délivrées.

Les compagnies retenaient donc pour elles le produit des droits qu'elles faisaient lever, et laissaient à la charge des colonies la dépense de leur entretien et de leur conservation. Ce fut la seule maxime du gouvernement propriétaire que le gouvernement royal n'adopta pas.

Le Roi a, dans tous les temps, déclaré et fait abandonner, pour l'entretien des colonies, les revenus du domaine qui s'y lèvent ou y échoient ; c'est ce qui est déclaré par un arrêt du Conseil d'Etat du 11 mars, confirmé par une ordonnance du 8 avril 1721. Le Roi prenait, dans son trésor, en France, les dépenses excédantes.

En 1764, la colonie de Saint-Domingue payait au Roi la somme de 4,000,000 livres par an, *à titre de don gratuit*, pour les dépenses d'administration de la colonie ; mais, au moyen du paiement de cette somme, le Roi avait fait l'abandon, à la caisse de l'octroi de la colonie, des droits d'amendes, épaves, confiscations, bâtardises, déshérences, biens vacans, et de tous les autres droits domaniaux, dont les produits régis et administrés sous la direction de l'intendant, étaient versés dans cette caisse.

A l'époque de la révolution, les impositions levées à Saint-Domingue, s'élevaient à environ 5,000,000 livres, un cinquième de plus qu'en 1764 (1).

---

(1) Voyez M. Necker, de l'Administration des finances de la France, tome I, chap. 13.

On doit admirer la profonde sagesse des lois et réglemens donnés par nos Rois à nos colonies, et particulièrement à celle de Saint-Domingue. Ces lois ne pouvaient pas être les mêmes que celles qui régissaient la France, parce que les objets sur lesquels ces lois statuaient, étaient différens. C'est particulièrement dans les lois qui réglaient les rapports des maîtres avec leurs esclaves, que brillaient de tout leur éclat la haute sagesse et l'humanité de nos Rois. Les divers Codes Noirs, que nous jugeons maintenant avec tant de sévérité, avaient été, dans le temps où ils furent promulgués, une grande amélioration à l'état précédent, un grand bienfait pour les générations alors existantes.

Dès le règne de Louis XIII, et à peine l'esclavage des noirs avait-il été introduit dans nos colonies, qu'un édit de 1615 commençait à rectifier les idées des planteurs, ou marchands qui, par une fausse interprétation d'une loi de Moïse, se croyaient le droit d'assommer impunément leurs esclaves, pourvu qu'ils missent trois jours à les faire mourir ; « attendu « que les esclaves étaient leur argent. »

Cet édit avait rappelé aux maîtres qu'ils étaient nés sous *la loi de grâce*, et devaient se conduire d'après elle : il avait voulu que les esclaves eux-mêmes fussent instruits dans cette loi de grâce, fussent adoucis par elle, et par elle protégés.

Les commissions délivrées, les ordonnances rendues depuis par le cardinal de Richelieu, en sa qualité de chef-grand-maître, sur-intendant de la navigation et du commerce de France, se distinguaient par les mêmes principes de justice, d'ordre et d'humanité.

Sous le grand règne de Louis XIV, un édit de 1638, dû au génie de Colbert, avait donné de plus grands développemens à ces maximes d'équité naturelle et positive ; avait rappelé les blancs à l'ancienne civilisation trop oubliée, et pré-

_paré la nouvelle civilisation des noirs. Si quelques articles de cet édit avaient laissé des vœux à former, c'était un sacrifice fait à la nécessité. Mais on est obligé d'avouer que ce code noir, considéré dans son ensemble, était un hommage rendu à la vérité autant que l'œuvre d'un politique habile.

Qui ne serait pas touché de la sollicitude pour tout être vivant sous son empire, qui avait inspiré Louis XIV, dans ses recherches détaillées et dans ses injonctions précises pour le salut et le bien-être, pour la nourriture et le vêtement ; pour la vieillesse et les infirmités de ces peuplades innocentes, qu'un destin aveugle avait vouées à une dépendance et à une servitude, qui même était pour elles le seul moyen d'échapper à la mort ?

« Voulons, porte l'édit de Louis XIV, que tous les es-
« claves qui seront dans nos îles soient baptisés et instruits
« dans la religion catholique.... Enjoignons aux gardiens
« nobles et bourgeois, usufruitiers, admodiateurs et autres,
« jouissant des fonds, de gouverner, comme bons pères de
« famille, les esclaves qui travaillent... Défendons de saisir et
« vendre séparément le mari, la femme et les enfans impu-
« bères ; voulons que si le mari esclave a épousé une femme
« libre, les enfans suivent la condition de leur mère, et soient
« libres comme elle.... Octroyons aux affranchis les mêmes
« droits, priviléges et immunités dont jouissent les personnes
« nées libres ; voulons qu'ils méritent une liberté acquise, et
« qu'elle produise en eux, tant pour leurs personnes que
« pour leurs biens, les mêmes effets que le bonheur de la
« liberté naturelle cause à nos autres sujets.

Le même édit faisait expresse défense aux maîtres, de faire donner la torture à leurs esclaves, ni de leur faire aucune mutilation de membres, à peine de confiscation des esclaves, et d'être procédé contre les maîtres extraordinairement.

C'était aussi à l'humanité de nos Rois, et à la faveur qu'ils accordaient à la liberté, qu'étaient dues ces dispositions en vertu desquelles tout esclave que son maître avait amené en France, était libre par cela seul qu'il avait mis le pied un instant sur le sol français, et ne pouvait plus être rétabli dans l'esclavage. La liberté une fois acquise ne lui était plus enlevée.

A l'édit de Louis XIV de 1685, avait succédé en 1724, l'édit de Louis XV, qui en avait renouvelé et étendu les dispositions favorables aux esclaves.

Enfin de nos jours deux ordonnances des 3 décembre 1784 et 23 décembre 1785, qu'on peut mettre au nombre des lois les plus sages de ce Roi martyr, avaient fait faire à l'organisation coloniale et à l'émancipation des noirs, des pas encore plus grands qu'elles eussent encore faits.

Ce n'était pas seulement, comme l'a dit un noble pair, dans un rapport fait à la Chambre des Pairs le 16 juin 1820 (1), l'humanité satisfaite, la cessation des traitemens barbares et inhumains, la modération même du travail, qui caractérisaient le nouveau Code Noir, c'étaient les passions civilisées, les penchans de la nature sanctifiés du sceau de la religion et de la loi, la maternité honorée, des exemptions attachées à la fécondité, des ressources assignées à l'enfance, comme des refuges à la vieillesse, et l'aisance offerte à l'industrie au delà du salaire assigné au travail. Sous l'empire de ces nouvelles lois, les noirs ne se sentaient pas seulement entraînés à une subordination volontaire par la douceur du joug qui, pour leur propre bien, leur restait encore imposé; ils étaient ramenés à l'estime d'eux-mêmes par le prix que

____

(1) M. le marquis de Lally-Tollendal.

l'autorité publique mettait à leurs jours et à leur bonheur, à leur instruction et à leur morale. Ils naissaient aux jouissances de la propriété et à tous les sentimens qui en sont la suite, par la disposition légale qui assignait à chaque famille noire un jardin, destiné uniquement à son aisance et à ses délassemens, sans aucune déduction de l'abondante subsistance que lui devait d'ailleurs l'habitation de son maître. Les rapports étaient changés des maîtres aux esclaves.

Louis XVI et son sage Ministre de la marine, M. le duc de Castries, rendaient chaque colon ce que Louis XIV et Colbert avaient désiré qu'il fût : un père environné de sa nombreuse famille.

On n'est entré dans tous ces détails des rapports qui existaient entre les maîtres et les esclaves de Saint-Domingue, à l'époque de la révolution, que pour réfuter d'avance les plaintes continuellement élevées contre la dureté des colons, et sur l'état malheureux des esclaves, par l'ignorance et le plus souvent par la mauvaise foi et l'esprit de parti égaré par ceux qui ont préparé et accompli la liberté des noirs, première et seule cause des malheurs de Saint-Domingue (1).

---

(1) C'est dans le Parlement d'Angleterre que la dangereuse question de l'abolition de la Traite des noirs a commencé à être discutée, quelques années avant la révolution. Lord Stanhope, les docteurs Price et Priestley fondèrent une association philantropique sous le nom d'*Amis des Noirs*. Cette association, qui s'est perpétuée jusqu'à ce jour, et qui s'est considérablement accrue, a donné naissance à la société des *Amis des Noirs*, formée en France, en 1787. Mais ces sociétés ont eu des résultats bien différens en France qu'en Angleterre. Dans ce dernier pays, les discussions du Parlement britannique, sur l'abolition de l'esclavage des noirs, provoquées par la société philantropique, n'ont abouti pendant long-temps qu'à « une loi d'humanité » dans le transport des esclaves, » et non à l'abo-

Avant la révolution qui a détruit en France nos anciennes institutions et notre gouvernement, Saint-Domingue fleurissait à l'abri des lois sages qu'elle tenait de la métropole. Nulle réforme n'y était nécessaire, aucune insurrection des esclaves contre les maîtres n'y avait été connue, lorsque les principes de la révolution française y ont développé les passions qui ont produit la guerre civile et allumé le feu dont l'incendie a dévoré cette belle colonie.

---

lition de la traite, laquelle n'a été prononcée que par un bill récent du Parlement britannique. Les Anglais ont conservé l'esclavage des noirs dans leur colonie de la Jamaïque.

En France, au contraire, les discussions imprudentes sur l'abolition de l'esclavage des noirs, ont produit la ruine de Saint-Domingue, et l'abolition de la traite des nègres que la France a consentie par le traité de paix du 20 novembre 1815.

CHAPITRE II.

Des négociations entamées depuis la restauration , pour rentrer en possession de Saint-Domingue.

On sait qu'après la rupture de la paix d'Amiens, et les suites désastreuses de l'expédition de Leclerc, la partie française de l'île de Saint-Domingue avait été divisée entre deux dominations; celle de *Pétion*, sous le titre de président de la république d'Haïti, et celle du nègre Christophe, sous le titre d'empereur.

Lors de la première restauration, la France avait une armée considérable, que les souvenirs de ses victoires et du rang qu'elle avait occupé en Europe, et l'immense ascendant que ceux dont elle était composée, avaient obtenu dans l'Etat sous le gouvernement qui venait de tomber, devaient rendre ennemis du nouvel ordre de choses ; sa marine, quoique inférieure à ce qu'elle avait été dans les beaux temps de la marine française, comptait encore plusieurs vaisseaux, un plus grand nombre de frégates, et des bâtimens de transport de toute espèce. Comment se fait-il qu'avec des moyens aussi puissans de forces de terre et de mer, et avec le besoin pour la tranquillité publique, d'ouvrir à cette multitude de Français dont les idées de gloire et d'ambition avaient été excitées par le système de conquêtes suivi par le dernier gouvernement, d'autres chances de gloire, de hasards et de fortune, les ministres du Roi ne lui aient pas conseillé d'envoyer une expédition, sinon pour reconquérir en entier Saint-Domingue, au moins pour s'emparer d'une partie de cette colonie, sur laquelle ils auraient fait flotter le drapeau royal, et pour faire un acte de souveraineté ou de prise de possession, comme elle fut faite pour la Martinique et la Guadeloupe? Peut-être que les préventions que les mauvais succès de l'expédition du général Leclerc avaient laissées dans les esprits, sur les dangers d'une semblable expédition, en détournèrent les Ministres, ou du moins les engagèrent à ne point mettre de précipitation dans une entreprise qu'ils jugeaient périlleuse? Peut-être aussi qu'ils espéraient obtenir, par des négociations habilement conduites avec les chefs de la partie du Nord et celle du Sud de Saint-Domingue, une soumission à la France qui aurait prévenu les malheurs et les désastres qui sont inséparables de la guerre.

Ce furent d'ailleurs les idées qui prévalurent aussi à la seconde restauration. Non-seulement on ne pensa pas alors à reconquérir Saint-Domingue par les armes (1), mais les négociations, entamées au nom du Roi, ne furent point, il faut le dire, soutenues avec la dignité qui convenait à la France. Les négociateurs français auraient dû être suivis d'une flotte qui pût donner une idée de la puissance du Souverain au nom duquel ils se présentaient, et relever, dans les mers des Antilles, l'honneur d'un pavillon qu'on était accoutumé, depuis plus d'un siècle, à y voir paraître avec éclat (2).

---

(1) A cette époque, les soldats et les officiers de l'armée licenciée, allaient faire la guerre avec les insurgés d'Amérique.

(2) On ne parlera pas de la mission du général *Danxion-Lavaisse*, elle a été désavouée du gouvernement.

Le 2 octobre 1816, les Commissaires de Sa Majesté, messieurs le lieutenant-général vicomte de Fontanges et le Conseiller d'Etat Esmangart (1), se présentèrent devant le Port-au-Prince, sur une frégate, sans aucune autre escorte; ils entamèrent, au nom du Roi, avec le général Pétion qui, sous le nom de Président de la République d'Haïti, commandait au Port-au-Prince, et dont l'autorité s'étendait sur la partie du Sud de l'île de Saint-Domingue, une négociation, dont le but était de se concerter avec ceux qui étaient revêtus de l'autorité, sur les moyens à employer pour rendre à ce pays la sécurité dont il ne pouvait jouir dans un état précaire; légitimer, au nom de tous, ce qui avait besoin de l'être; reconnaître les services et les soins de ceux qui avaient rétabli et maintenu l'ordre dans la colonie; consolider par la volonté royale, les institutions et les changemens survenus dans l'état des personnes et des choses, que les évènemens pouvaient avoir rendus nécessaires dans cette île, et qui ne seraient incompatibles ni avec la dignité de sa couronne, ni avec l'intérêt bien entendu de la colonie et de la métropole (2).

Le 12 du même mois, messieurs les Commissaires français se présentèrent dans la partie du Nord, où commandait Christophe; ils lui adressèrent, pour ouvrir leur négociation, une lettre dans laquelle, en lui envoyant l'ordonnance de S. M., du 24 juillet précédent, qui les nommait Commissaires, ils le chargeaient de dire, au nom du Roi, aux citoyens de toutes les classes que la volonté de S. M. était que

----

(1) M. le capitaine de vaisseau *du Petit-Thouars*, était le troisième commissaire.

(2) Voyez la Correspondance imprimée entre MM. les Commissaires du Roi et Pétion, pièce n° 1.

(25)

personne ne perdît à son retour; que tous les changemens qu'on se plaisait à leur faire craindre, n'étaient pas plus dans sa volonté que dans l'intérêt général : qu'elle ne voulait faire passer aucune force dans un pays où il se trouvait déjà une armée , des généraux , des fonctionnaires publics et des sujets qui lui seraient fidèles, et que la seule intention de S. M., en envoyant des Commissaires munis de ses pleins pouvoirs, était de consolider et de légitimer tout ce qui pouvait l'être, sans manquer à ce qu'elle devait à la dignité de sa couronne, à la justice, et à l'intérêt de ses peuples (1).

Il paraît que cette négociation, avec Christophe , n'eut aucune suite ; il ne répondit pas même à la lettre de MM. les Commissaires français.

A l'égard de la négociation avec Pétion, président de la république d'Haïti, tout ce qu'on peut retenir de sa correspondance, c'est que le gouvernement d'Haïti dont Pétion était le chef, demandait comme une première condition des négociations à entamer avec la France, et sans laquelle aucun rapport ne pouvait s'établir ; que la France reconnût ce gouvernement comme *libre* et *indépendant*, et consentît à le regarder comme un gouvernement dont les institutions consolidées reposaient sur la volonté et l'amour national. Cette base essentielle des négociations étant admise , Pétion offrait à MM. les Commissaires français de correspondre avec eux sur tous les points qui pourraient être réciproquement avantageux aux deux gouvernemens (2).

MM. les Commissaires français n'hésitèrent pas à déclarer « que les droits du Roi, comme souverain, étaient incon- « testables; que le contrat qui existait entre lui et ses peuples

----

(1) Voyez la Correspondance imprimée , pièce n° 8.
(2) Voyez la Correspondance imprimée , pièce n° 9.

« était indissoluble ; que ces droits qui étaient imprescrip-
« tibles ne pouvaient être détruits ni altérés en rien, parce
« qu'il en avait perdu momentanément l'exercice.

« Que l'indépendance réclamée pour le nouveau gouver-
« nement de Saint-Domingue n'était autre chose que la vo-
« lonté de méconnaître les droits de Sa Majesté. »

Cependant, voulant témoigner qu'ils désiraient se rappro-
cher autant qu'il était en eux de cette indépendance deman-
dée par Pétion, comme la base essentielle de toute négociation, MM. les Commissaires français déclarèrent qu'ils étaient
autorisés à faire, au nom du Roi, les concessions suivantes :

1° Qu'il serait déclaré au nom du Roi que l'esclavage est
aboli à Saint-Domingue, et qu'il n'y serait jamais rétabli ;

2° Que les droits civils et politiques seraient accordés à
tous les citoyens, comme en France et aux mêmes conditions ;

3° Que l'armée serait maintenue sur le même pied où elle
se trouvait aujourd'hui : les officiers-généraux, les officiers-
supérieurs et particuliers seraient confirmés par le Roi dans
leurs grades respectifs, et tous jouiraient des mêmes traitemens, honneurs et distinctions dont jouissent les armées du
Roi en France ;

4° Que le Roi n'enverrait jamais de troupes européennes
à Saint-Domingue : la défense de la colonie serait toujours
confiée au courage et à la fidélité des armées indigènes, qui
ne seraient jamais employées hors de la colonie ;

5° Que le président de la république, les sénateurs conserveraient leurs prérogatives, et le sénat ses attributions ;

6° Que les anciens colons ne pourraient arriver et résider
dans la colonie, qu'en se soumettant aux lois et règlemens
qui seraient établis, notamment à ceux qui concernent l'état
des personnes et des droits civils ;

7° Qu'il serait fait par les autorités actuelles, de concert avec les commissaires du Roi, un règlement général sur les propriétés, afin de faire cesser les incertitudes, et empêcher que de nouveaux troubles ne viennent encore retarder le rétablissement de la colonie ;

. 8°. Que le Président actuel serait nommé gouverneur général de la colonie ; le commandant-général actuel de l'armée serait nommé lieutenant-général du gouvernement ; ils conserveraient l'un et l'autre les pouvoirs qui se trouvent aujourd'hui dans leurs attributions, sauf les modifications que l'état des choses pourrait commander ; mais cela ne se ferait que sur leur avis ; ils seraient nommés à l'avenir par le Roi, sur la présentation de trois candidats choisis par le sénat ;

9° Que les ports continueraient à être ouverts à toutes les puissances, aux conditions qui sont établies aujourd'hui pour les étrangers ; le sénat, suivant les circonstances et sur la demande du gouverneur-général représentant du Roi, pourrait en modifier les conditions ;

10° Que le Roi emploîrait ses bons offices auprès de Sa Sainteté pour obtenir un évêché pour cette colonie, et tous les secours spirituels qui doivent donner au peuple une plus grande masse de consolation ;

11° Que toutes les concessions du Roi s'étendraient au nord comme au sud et à l'ouest de la colonie ;

12° Enfin, que l'acte constitutionnel serait revisé dans l'année par le sénat, pour, de concert avec MM. les Commissaires du Roi, en coordonner toutes les dispositions avec l'ordre qu'on voudrait établir (1).

Telles étaient les concessions que MM. les Commissaires français étaient autorisés à faire au nom de S. M. On ne se permettra pas de juger les négociations entamées par le gou-

______

(1) Voyez la Correspondance imprimée, pièce n° 14.

vernement dans une affaire aussi grave, et sur laquelle il a eu sans doute pour prendre un parti des documens qui peuvent être inconnus aux simples particuliers ; mais on ne craindra pas d'affirmer que si les concessions offertes' par MM. les Commissaires français , eussent été acceptées , les conséquences du traité, par lequel S. M. les aurait garanties, eussent été aussi préjudiciables aux intérêts de la France et à ceux des colons propriétaires , que la reconnaissance de l'indépendance, quand bien même cette déclaration d'indépendance de la part de la France, eût été compensée par la stipulation d'une indemnité en faveur des colons , et d'un traité de commerce avec la France, dont on fait voir toute l'illusion dans le chapitre suivant.

Au moyen de ces concessions les pouvoirs civils et militaires seraient restés entre les mains des chefs des noirs , qui les ont usurpés. La France s'étant engagée à n'envoyer jamais de troupes françaises à Saint-Domingue, comment aurait-elle pu faire respecter son droit de souveraineté ? Ce droit n'eût été qu'un vain mot, puisqu'elle se serait dépouillée du commandement militaire , du droit de glaive qui, seul, peut lui en assurer la jouissance, et donner à ses actes une autorité réelle.

Le Président de la république, les sénateurs, conservant leurs prérogatives , et le sénat ses attributions, comment l'autorité du Roi se serait-elle placée? comment cette autorité aurait-elle concouru à la législation ? aurait-elle été égale ou supérieure à celle du sénat de la république?

Et le droit de propriété sur tous les biens de la colonie , droit qui appartient aux colons et qui ne peut être cédé sans leur consentement, que pour cause d'intérêt public, et à la charge par l'État d'une indemnité, pense-t-on qu'il était suffisamment stipulé et garanti aux propriétaires, par la septième

concession faite par MM. les Commissaires français ; « qu'il serait
« fait par les autorités actuelles, de concert avec les Commis-
« saires du Roi, un règlement général sur les propriétés, etc.? »

Quelles auraient été les bases de ce règlement général sur
les propriétés ? Les autorités actuelles de Saint-Domingue
auraient demandé que les nouveaux possesseurs fussent
maintenus, et s'ils s'étaient, comme il y a apparence, refusés à restituer les propriétés aux légitimes propriétaires,
quel eût été le sort de ces derniers ?

Enfin, les ports continuant à être ouverts à toutes les
puissances, aux conditions qui étaient établies pour les
étrangers, et ces conditions ne pouvant être modifiées que
par le sénat, quel avantage la France aurait-elle retiré de
ses rapports avec Saint-Domingue ? Comment eût-elle pu
favoriser son commerce et ses manufactures par les règlemens
de douanes, et en faisant fermer les ports de la colonie aux
bâtimens des autres nations dont les manufactures sont en
concurrence avec celles de la France ?

Il est heureux que des concessions dont les suites eussent
été aussi funestes pour la France, qu'elles étaient indignes de
l'honneur de ses armes, n'aient point été acceptées ; en
même temps qu'on doit s'étonner que les ministres du Roi
aient consenti à accorder de semblables concessions. Ce n'é-
tait pas conserver la souveraineté de Saint-Domingue, et
refuser de reconnaître l'indépendance des gouvernemens qui
ont usurpé les droits de la couronne et les propriétés privées
des colons propriétaires, que de consentir pour le Roi à
renoncer à l'exercice de tous les droits et de toutes les prérogatives de la souveraineté, droits sans lesquels elle ne peut
pas exister, et de reconnaître une autorité au-dessus ou seulement égale à la sienne.

Ce n'était pas stipuler les intérêts des anciens propriétaires, et faire respecter et reconnaître par les chefs usurpateurs du pouvoir légitime, leur droit de propriété, que de les faire dépendre d'un règlement général sur les propriétés, fait par les autorités actuelles de Saint-Domingue, de concert avec les commissaires du Roi.

Comment les négociateurs français n'avaient-ils pas senti que le droit de propriété des anciens colons propriétaires devait être formellement reconnu et déterminé, en traitant avec un gouvernement dont la constitution (art. 38) portait : « Qu'aucun blanc, quelle que soit sa nation, ne pourra « mettre les pieds sur ce territoire à titre de maître ou de « propriétaire ? »

Il était indispensable de ne pas laisser d'incertitude sur l'abrogation de cet article d'un acte constitutionnel que la France s'engageait à maintenir, sauf la révision qui devait en être faite, d'accord avec les Commissaires de Sa Majesté. Autrement, c'était tout remettre en question, et renoncer d'avance au droit de propriété dont le gouvernement français ne pouvait pas valablement disposer sans le consentement des propriétaires dont il n'était que le protecteur.

Depuis cette négociation, tentée par le Gouvernement en 1816, et qui pour elle n'eut aucun succès, négociation qui mit à découvert ou la faiblesse de la France, ou l'incapacité des ministres qui étaient alors à la tête des affaires de ce royaume, et dont l'unique résultat fut d'accroître la confiance et l'audace des deux gouvernemens qui avaient usurpé la souveraineté à Saint-Domingue, il ne paraît pas qu'aucune autre négociation ait été entamée.

Chose véritablement inconcevable et qui doit profondément affecter tout Français sensible à l'honneur de son pays et à la considération qui est due à la France ! Huit années se sont écoulées depuis une négociation humiliante pour la

France, et aucune disposition n'a été faite par le ministère pour appuyer par la force des armes et pour faire respecter les droits de la France sur Saint-Domingue! On ne fera pas aux ministres le reproche de n'avoir pas fait contre les sujets rebelles qui méconnaissent l'autorité du Roi, de grandes expéditions; mais qui peut les excuser de n'avoir pas, depuis la rupture des négociations de 1816, fait prendre possession, pour la France et au nom du Roi, de plusieurs points militaires de Saint - Domingue, tels que le fort Dauphin, l'île de la Tortue, le Môle Saint-Nicolas, Tiburon, où il eût été facile d'établir trois ou quatre mille hommes, et de les mettre par la construction de quelques fortifications apportées d'Europe, à l'abri de toute attaque de la part des noirs qui n'ont ni marine, ni artillerie de siége? Quel Français peut les absoudre d'avoir compromis l'autorité du Roi, non-seulement en ne faisant pas mettre en état de blocus et sous la protection des divers points fortifiés, les ports et les rades de Saint-Domingue, et en ne déclarant pas ce blocus à toutes les puissances de l'Europe avec lesquelles la France est en paix, afin d'empêcher toute communication des bâtimens et des sujets de ces puissances avec les rebelles, mais encore en tolérant le commerce qui se fait publiquement avec ce pays dont le gouvernement ne peut pas être reconnu sans violer le droit des nations? Aucune des puissances avec lesquelles la France est liée par des traités de paix ne pourrait, si la France le demandait, reconnaître les gouvernemens usurpés et éphémères de Saint-Domingue, sans manquer au droit des gens, sans violer la neutralité. Et ce droit de la France d'intercepter toute communication avec les insurgés de Saint-Domingue étant incontestable, on se demande comment il est possible que depuis huit ans la France, de concert avec les autres puissances, ses alliées, n'ait pas déclaré le blocus rigoureux de Saint-Domingue ? ce blocus que l'état de notre marine permet d'exécuter facilement , avec une vingtaine de corvettes ou bâtimens légers, combiné avec des opérations militaires sur quelques points des immenses côtes de Saint-Domingue , et des négociations habiles avec quelques chefs qui étaient indépendans des deux principaux gouvernemens qui existaient à Saint-Domingue , auraient fait respecter les droits de la France , diminué les ressources des insurgés , et facilité les succès d'une plus grande expédition quand le gouvernement français aurait jugé à propos de l'entreprendre.

Ces idées sont si simples, le systême du blocus de Saint-Domingue présente tant d'avantages certains sans aucun inconvénient, que si l'intégrité et la loyauté des précédens ministres n'étaient pas aussi connues, la malveillance pourrait les accuser, quoiqu'à tort assurément, d'avoir cédé à des influences d'intérêts personnels , dans le commerce qu'ils toléraient avec Saint-Domingue ; car les bénéfices qui en résultent pour notre commerce et pour nos manufactures sont presque nuls; et fussent-ils plus considérables, ce ne serait pas un motif suffisant pour leur sacrifier l'honneur du gouvernement , et la dignité de la couronne de France.

Ces soupçons injustes, sans doute, envers le précédent ministre de la marine, mais que certaines circonstances semblaient accréditer, ne peuvent pas atteindre son successeur ; cependant la continuation du même systême à l'égard de Saint-Domingue , serait une nouvelle preuve de l'influence des bureaux, auxquels les ministres les mieux intentionnés obéissent souvent à leur insu, et plus facilement lorsqu'ils sont, par les emplois qu'ils ont occupés, étrangers aux affaires de leur ministère.

CHAPITRE III.

Du droit de souveraineté de la France sur Saint-Domingue, et de ce qui reste à faire, soit dans l'intérêt de la France, soit dans celui des colons propriétaires.

La souveraineté de Saint-Domingue appartient au Roi de France, elle lui est garantie par les derniers traités de paix ; la France n'est pas de fait en possession de Saint-Domingue, mais cette puissance est la seule qui ait le droit de posséder légitimement ce pays, d'y exercer les droits de souveraineté, et c'est la seule puissance que les autres souverains de l'Europe reconnaissent en cette qualité.

Le Roi de France est donc le seul légitime souverain de Saint-Domingue ; la première question à examiner est celle-ci : S. M. Louis XVIII renoncera-t-elle à la souveraineté de Saint-Domingue ?

Cette question de droit public, simple en apparence, en comprend plusieurs autres. D'abord S. M. pourrait-elle renoncer à la souveraineté de Saint-Domingue, sans le concours ou le consentement des colons et propriétaires de cette colonie ? Dans notre gouvernement constitutionnel, le Roi pourrait-il valablement renoncer à la souveraineté de Saint-Domingue, sans le concours des trois pouvoirs dont se compose aujourd'hui en France la puissance législative ? Enfin, en supposant le consentement des deux Chambres et celui des anciens propriétaires, à la renonciation de la souraineté de Saint-Domingue, cette renonciation ne serait-elle pas contraire aux véritables intérêts de la France, et ne devrait-elle pas être considérée comme préjudiciable à notre marine, à nos manufactures, et à nos autres colonies des Antilles? Au contraire, les plus hautes considérations politiques et commerciales ne se réunissent-elles pas pour déterminer le gouvernement français à conserver la souveraineté de Saint-Domingue, et à ne pas renoncer à l'espoir de recouvrer cette belle colonie? On va successivement examiner chacune de ces diverses questions.

Grotius, dans son admirable ouvrage *de Jure Pacis et Belli*, traite en plusieurs endroits cette question : *Si un roi peut aliéner une partie de son royaume?* Voici à quoi se réduit son sentiment, qui a été suivi par Puffendorf et par les plus célèbres publicistes. Le Roi ne peut de sa pure autorité céder son royaume à un autre; et s'il le fait, sans le consentement du peuple, les sujets ne sont pas tenus de se soumettre à la domination du nouveau souverain, en faveur duquel le Roi a renoncé à la souveraineté de ses Etats; car, comme les sujets ne peuvent pas dépouiller le Roi malgré lui de la souveraineté, lorsqu'ils la lui ont une fois donnée, le Roi n'est pas non plus en droit de substituer à sa place un autre souverain sans le consentement des sujets. Que s'il s'agit de céder ou d'aliéner seulement une partie du royaume, outre l'approbation du Roi et celle des peuples qui demeurent sous ses lois, il faut aussi que le peuple du pays qu'on veut aliéner y consente, et ce dernier consentement est encore plus nécessaire que les deux autres. La raison qu'en donne *Grotius*, est que ceux qui ont formé les sociétés civiles, ou qui sont entrés volontairement dans quelque Etat déjà formé, se sont engagés les uns envers les autres à ne reconnaître qu'un seul et même gouvernement, tant qu'ils voudraient demeurer dans les termes de l'Etat où ils joignaient ensemble. Ainsi , en vertu d'une telle convention, chacun a acquis le droit de ne point être ni retranché de l'Etat , ni mis sous une domination étrangère, à moins qu'il ne vînt à y être justement condamné en punition de quelque crime ; comme d'un autre côté, tous en général ont aussi acquis, en vertu de la même convention, un droit sur chaque particulier en vertu duquel personne ne peut se soumettre à un gouvernement étranger , ni se soustraire à celui de l'Etat, tant qu'il demeure dans les terres de son obéissance ; nous en avons des exemples dans notre propre histoire. C'est ainsi que les habitans de la Guyenne ne voulaient point être détachés du royaume d'Angleterre, malgré la donation que Richard II en avait faite au duc de Lancastre (voyez Froissard, liv. 4). C'est ainsi que François Ier s'étant engagé, par le traité de Madrid, à céder le duché de Bourgogne à l'empereur Charles-Quint , les Etats de cette province déclarèrent : « que n'ayant jamais été sujets que de la couronne de « France, ils mourraient dans cette obéissance, et que si le « Roi les abandonnait, ils prendraient les armes , et s'ef« forceraient de se mettre en liberté, plutôt que de passer « d'une sujétion dans une autre » (Voyez Mezeray, Histoire de France , tom. II, pag. 458).

On est donc autorisé à conclure des principes du droit des gens, et des exemples qu'on vient de rappeler , qu'une ville ou une province démembrée, sans son consentement, d'un Etat dont elle faisait partie , n'est point obligée de reconnaître le nouveau souverain qu'on voudrait lui donner. Séparée de la société dont elle était membre, elle rentre dans tous ses droits, et s'il lui est possible de défendre sa liberté contre celui qui voudrait la soumettre, elle lui résiste légitimement. (Voyez Vatel, liv. 1, chap. 21, §. 264).

Ces principes sont sujets sans doute à quelques exceptions, dans les cas de nécessité et de force majeure; mais ils n'en sont pas moins vrais et conformes à la nature même des sociétés politiques.

Or, Saint-Domingue, quoique étant une colonie, ne faisait pas moins partie de la France depuis sa réunion au domaine de la couronne, ainsi qu'on l'a déjà fait observer; les colons de Saint-Domingue n'en étaient pas moins sujets du Roi de France, et jouissant des mêmes droits que tous les Français. La cession de la souveraineté que ferait la France, sans leur consentement, ne serait donc pas, dans la rigueur des principes, obligatoire pour eux; ils ne seraient point obligés de reconnaître ce nouveau souverain. Mais dans notre gouvernement constitutionnel, on pourrait même douter que l'adhésion des colons suffît pour valider, à l'égard de l'Etat, la cession de la souveraineté de Saint-Domingue, qui serait faite par un traité : il pourrait être permis de penser que ce traité devrait être ratifié par les deux Chambres.

Dans notre ancien droit public français, la validité d'une pareille cession aurait pu être contestée, si elle n'avait pas été revêtue de l'assentiment des Etats-Généraux, ou de la formalité de l'enregistrement au Parlement de Paris, qui, en l'absence des Etats-Généraux du royaume, avait la prétention de les représenter.

On sait qu'à l'occasion du même traité de Madrid, dont on vient de parler, les notables du royaume de France, assemblés à Cognac, après le retour du Roi, conclurent tout d'une voix, « que son autorité ne s'étendait pas jusqu'à démembrer « la couronne. (Voy, Mezeray, Hist. de France, tome II.) Le traité fut déclaré nul, comme étant contraire à la loi fondamentale du royaume. Vatel, qui rapporte ce trait historique, liv. IV, chap. XXII, ff. 265, ajoute : « Et véritable-

« ment le traité était fait sans pouvoirs suffisans , la loi refu-
« sant formellement au Roi le pouvoir de démembrer le
« royaume. Le concours de la nation y était nécessaire , et
« elle pouvait donner son consentement par l'organe des
« Etats-Généraux. »

Il est juste de dire cependant que depuis un grand nombre d'années, les Etats-Généraux ne s'assemblant plus en
France, le Roi était demeuré le seul organe de l'Etat envers
les autres puissances ; et , qu'ainsi que le fait judicieusement
observer Vatel qu'on vient de citer, les autres puissances
étaient en droit de prendre la volonté du Roi pour celle de
la France entière, et les cessions que le Roi pouvait leur
faire demeuraient valides en vertu du consentement tacite,
par lequel la nation a remis tout pouvoir entre les mains
de son Roi pour traiter avec elles. S'il en était autrement,
on ne pourrait contracter sûrement avec la couronne de
France. Souvent, pour plus de précaution, les puissances
ont demandé que leurs traités fussent enregistrés au Parlement de Paris.

Ces raisons tirées du défaut d'assemblées des Etats-Généraux du royaume, et de l'absence des organes de la nation , les
seules qui pussent jusqu'à un certain point et par la nécessité
des choses, faire admettre dans le Roi la puissance de consentir la cession d'une province sans le concours de la nation,
n'existent plus aujourd'hui. La nation a dans les deux Chambres des organes de sa volonté qui peuvent donner pour elle, et
en son nom, un consentement formel au traité par lequel le
Roi céderait à une autre puissance une partie du territoire,
ou renoncerait en faveur de cette puissance au droit de souveraineté de cette partie. On peut donc penser que Sa Majesté, en créant par la Charte la Chambre des Députés pour
remplacer les anciennes assemblées des Champs-de-Mars ou

de Mai, et les Chambres du tiers-état, qui formèrent dans la suite les Etats-Généraux du royaume de France, a rétabli l'ancienne loi fondamentale qui exigeait le concours des Etats-Généraux pour la cession d'une province ou d'une partie du territoire du royaume (1).

On ne pourrait pas opposer à ces sages et antiques maximes de notre droit public l'art. 24 de la Charte, qui confère au Roi le droit « de déclarer la guerre, de faire les traités de « paix, d'alliance et de commerce. » Le Roi de France, dans notre ancien droit public, avait certainement le droit de faire des traités de paix, et cependant on a vu qu'il était contraire à la loi fondamentale du royaume *qu'il pût démembrer sa couronne* sans le consentement des Etats-Généraux du royaume, comme ces Etats assemblés à Cognac en 1503 le déclarèrent et le reconnurent à l'égard du traité de Madrid.

Or, comme dans notre gouvernement actuel où la nation est sans cesse représentée et peut faire connaître son vœu par les deux Chambres, comment le Roi aurait-il le droit de faire, sans le concours des Chambres, ce qu'il n'aurait pas eu sous notre ancien gouvernement, le pouvoir de faire valablement sans le consentement des Etats-Généraux du royaume, ou, à leur défaut, sans la formalité de l'enregistrement par le Parlement de Paris? Comment, lorsque la circonscription d'une commune ou d'un département ne peuvent avoir lieu sans une loi, c'est-à-dire sans le concours des deux Chambres; lorsqu'une commune ne peut ni aliéner, ni échanger un arpent de terre sans une loi, la couronne pourrait-elle

---

(1) La constitution de l'an VIII voulait que les traités de paix fussent discutés au Tribunat et au Corps Législatif, ce qui n'empêcha pas Bonaparte, premier consul, de céder la Louisiane aux Etats-Unis d'Amérique, sans aucune communication du traité au Tribunat ni au Corps Législatif.

toute seule et sans le concours des Chambres, renoncer, par un traité de paix, à une partie du territoire du royaume? Il n'y aurait, dans un pareil droit public, aucun motif raisonnable.

La disposition de l'art. 14 de la Charte, par laquelle le Roi s'est réservé le droit de faire les traités de paix, ne peut donc s'entendre que de ceux de ces traités par lesquels il ne fait aux puissances avec lesquelles il traite aucune concession préjudiciable à l'Etat, soit par la cession d'un droit de souveraineté sur une province ou une ville réunie au domaine de la couronne, soit par l'engagement qu'il prendrait de payer une somme quelconque, soit comme subsides, soit à tout autre titre : dans tous ces cas, le traité ne peut être valide et obligatoire pour l'Etat, qu'autant qu'il a été ratifié et consenti par les deux Chambres. Nous en avons un exemple récent dans le concordat de l'année 1817, qui est un traité fait avec une puissance, traité que le gouvernement a cru nécessaire de faire présenter à la Chambre des Députés, pour y être approuvé, et dont l'exécution de la part du Roi de France a été suspendue par le défaut d'approbation donnée par la Chambre des Députés.

A l'égard du traité de paix de 1815, par lequel Sa Majesté Louis XVIII a fait la cession de quelques portions du territoire de la France, on peut dire que les circonstances extraordinaires dans lesquelles se trouvait la France, envahie par toutes les armées de l'Europe, et par suite desquelles elle était livrée à la discrétion des vainqueurs, n'ont pas permis de suivre les formes qui auraient été observées dans un traité de paix où la France n'aurait pas été, comme elle le fut alors, soumise à la dure loi de la nécessité; d'ailleurs, ce traité a été communiqué aux Chambres avec des formes qui indiquent qu'il était soumis à leur approbation.

Nous croyons donc que dans la rigueur des principes du

droit des gens et de notre droit public, il serait vrai de dire que la renonciation de la part de la France à la souveraineté de Saint-Domingue, pour être valable, devrait être accompagnée non-seulement du consentement des colons et des propriétaires de ce pays que la révolte de leurs esclaves en a expulsés, mais encore de l'adhésion ou de l'approbation des deux Chambres : nous ne parlons que de la renonciation au droit de souveraineté ; quant au droit de propriété qui réside dans la personne des légitimes propriétaires, et non dans le souverain, il est hors de doute que les propriétaires seuls ont le droit de renoncer à leur droit de propriété, et de fixer le prix de leur renonciation. Le traité que le Roi de France ferait en leur nom et pour eux, en traitant avec une puissance, ne serait pas obligatoire pour eux dans la sévérité des principes, à moins que, dans *l'intérêt de l'État,* et pour des causes qui toucheraient au salut de l'État, il y eût lieu à l'exercice du droit que les publicistes appellent droit de *domaine éminent,* droit par suite duquel le souverain peut aliéner les biens des particuliers à la charge de les indemniser.

Ces premières questions résolues, il reste à examiner si la renonciation de la France à la souveraineté de Saint-Domingue, faite avec le consentement des propriétaires expulsés, et avec le concours des deux Chambres, ne serait pas préjudiciable aux véritables intérêts du royaume et à ceux des colons.

On prouvera qu'une semblable renonciation serait humiliante pour la dignité de la couronne de France ; que son résultat le plus certain serait de sacrifier le dernier espoir de notre marine militaire et marchande : de porter à notre commerce maritime un coup funeste dont il ne pourrait plus se relever ; de compromettre la sûreté et l'existence de nos autres colonies des Antilles ; enfin, d'abandonner les colons dans leur détresse, sans aucune garantie solide pour le paiement de la très-faible indemnité qui serait stipulée pour eux.

On dit d'abord qu'il serait humiliant pour la dignité de la couronne de France, et indigne de l'honneur de ses armes, de traiter avec des esclaves révoltés, et de reconnaître leur indépendance. Dans tous les temps et à toutes les époques, une telle reconnaissance aurait été indigne du rang qui appartient à la France ; dans les circonstances actuelles, cette reconnaissance d'esclaves révoltés contre leurs maîtres serait, de plus, dangereuse et impolitique.

Elle serait dangereuse comme un exemple que les esclaves de nos autres colonies des Antilles auraient sous les yeux, et qui, présenté avec adresse aux esclaves de la Martinique et de la Guadeloupe, soit par une faction élevée dans ces colonies, soit par une puissance maritime qui jugerait de son intérêt d'enlever à la France ses dernières colonies, finirait par renouveler, à la Martinique et à la Guadeloupe, les désastres dont Saint-Domingue a été victime.

La cession de Saint-Domingue serait, dans les circonstances actuelles, une grande faute en politique ; ici les raisons fortes et les considérations les plus graves viennent se réunir pour faire voir les dangers de la cession de la souveraineté de Saint-Domingue, que quelques personnes proposent comme le seul moyen praticable. On n'est embarrassé que du choix, et de l'ordre dans lesquels elles doivent être présentées.

Commençons par les inconvéniens qui en résulteraient pour nos relations avec les autres puissances maritimes, et particulièrement avec l'Angleterre.

Tant que la souveraineté de Saint-Domingue appartiendra à la France, aucune puissance ne pourra prendre ouvertement parti pour les noirs, ni faire des armemens contre Saint-Domingue pour s'en emparer, sans déclarer la guerre à la France. Aussitôt qu'elle aurait renoncé à cette souveraineté, elle n'aurait plus le droit de se plaindre des entreprises que les autres puissances pourraient former contre le gouvernement de Saint-Domingue, déclaré et reconnu indépendant de la France. On doit donc prévoir alors, que s'il était dans l'intérêt d'une puissance maritime rivale de la France, de s'emparer de Saint-Domingue, ou d'y favoriser l'établissement d'un gouvernement quelconque, qui accorderait à ses sujets le privilége exclusif du commerce, au préjudice des sujets des autres nations, elle en aurait le droit et peut-être aussi le pouvoir.

Ces conjectures sur les vues de l'Angleterre contre Saint-Domingue prennent de la consistance, quand on fait attention à la conduite tenue par le cabinet Britannique, à l'égard des chefs des deux gouvernemens de cette île, Boyer et Christophe, entre lesquels la domination de Saint-Domingue avait été partagée, et aux instructions que ce cabinet a dû donner à l'amiral qui commandait les forces navales de la Grande-Bretagne à la station de la Jamaïque. Ces instructions n'étaient certainement pas de faciliter à S. M. le Roi de France les moyens de reconquérir la souveraineté de fait de Saint-Domingue, car on voit par une lettre adressée à Boyer, président d'Haïti, le 1ᵉʳ mai 1820, en réponse à une lettre qui lui avait été écrite par l'amiral sir Hom Popham commandant cette station, que cet amiral l'avait informé « du danger « auquel étaient exposées la liberté et l'indépendance d'Haïti, « par l'influence que le parti colonial avait obtenu dans les « conseils de S. M. T. C., qui pourrait essayer tôt ou tard « de regagner la souveraineté de ce pays par suite des malheureuses « divisions qui régnaient entre le nord et les parties « occidentale et méridionale de l'île » (1).

---

(1) Cette lettre a été insérée dans les journaux anglais du 11 décembre 1820.

En conséquence, et pour empêcher S. M. le Roi de France de reconquérir la souveraineté de fait d'un pays dont la souveraineté de droit lui est garantie par des traités de paix auxquels l'Angleterre elle-même a été partie, l'amiral anglais proposait à Boyer un rapprochement entre le gouvernement du nord et celui de l'autre partie.

Combien de réflexions cette correspondance de l'amiral anglais avec Boyer ne fait-elle pas naître ? Elle confirme l'opinion des hommes qui connaissent le mieux la situation des gouvernemens actuels de Saint-Domingue, et qui pensent qu'il est impossible qu'ils se conservent, et que tôt ou tard la France ne regagne, par la chute de ces gouvernemens éphémères, la souveraineté de fait sur ce pays, comme elle en a la souveraineté de droit.

Les efforts du cabinet Britannique, pour susciter à la France des obstacles à la reprise de Saint-Domingue, prouvent, mieux que tout ce que l'on pourrait dire, les avantages dont cette conquête serait pour la France.

Si le Roi de France avait renoncé à la souveraineté de Saint-Domingue, on peut prévoir que l'Angleterre, au lieu de soutenir le gouvernement des noirs, lui susciterait des ennemis intérieurs ; qu'elle entretiendrait les haines qui existent entre les noirs et les mulâtres, et fomenterait les factions entre les habitans, pour les détruire les uns par les autres ; et ensuite, ou s'emparer elle-même du pays, ou y placer un gouvernement dont elle serait l'arbitre suprême, et qui lui accorderait un privilége exclusif pour son commerce. Ainsi, la conséquence de la renonciation de la France à la souveraineté de Saint-Domingue, au profit des gouvernemens nègres ou mulâtres qui l'ont usurpée, serait de livrer cette belle et riche colonie à l'Angleterre, et d'accroître la prépondérance de cette puissance dans les Antilles, de manière à la rendre absolument maîtresse de tout le commerce des colonies.

Se flatterait-on que les stipulations d'un traité par lequel des avantages, ou même des priviléges seraient accordés aux sujets français pour le commerce avec Saint-Domingue, comme une des conditions de la renonciation faite par la France à son droit de souveraineté, pourraient présenter quelque garantie pour les intérêts de la France? Ce serait là une grande erreur : l'observation des traités de paix et de toutes les conventions du droit des gens, ne peut être garantie que par des gouvernemens réguliers, et dont la propre existence est assurée, et non par des chefs de factions dont les actes ne sont pas respectés par les autres usurpateurs du pouvoir qui les renversent et leur succèdent. Or, tel est, dans la réalité, l'état actuel du gouvernement de Saint-Domingue : les qualités personnelles du chef de ce gouvernement, en supposant qu'il les possède au plus haut degré; en accordant que ce chef est un homme probe, exact observateur de sa parole, et que des inclinations personnelles le disposent à donner la préférence à la France pour ses relations politiques et commerciales; tout cela supposé, ne serait pas encore une garantie pour l'exécution du traité que consentirait ce chef : car il ne peut répondre que de ses intentions et non de celles des chefs qui lui succéderont, il ne peut promettre autre chose sinon, que tant qu'il sera le chef du gouvernement, et que son autorité subsistera, il maintiendra les traités faits avec la France. Mais, rien n'est plus précaire que cette autorité : le moindre soupçon d'être favorable à la France ou de traiter avec Sa Majesté Louis XVIII, peut non-seulement lui faire perdre toute son autorité sur les noirs, mais encore la vie.

A présent, s'il est démontré que les traités qui seraient

faits avec le chef du gouvernement usurpé de Saint-Domingue ne pourraient offrir aucune garantie ponr la France, qu'importe que ce gouvernement s'oblige, pour le prix de la renonciation de la souveraineté de Saint-Domingue, faite par la France ; et pour celui de la renonciation des propriétaires et colons à leur droit de propriété, d'une part à accorder aux sujets français des droits et des priviléges pour le commerce, priviléges qui, dans l'état actuel de Saint-Domingue et d'après ses relations commerciales avec l'Angleterre, ne pourraient pas être très-étendus ; et d'une autre part, à payer dans le cours de plusieurs années une somme, par exemple, celle de quatre-vingts millions de francs, pour indemniser les anciens propriétaires de la spoliation de leurs propriétés? La France aurait renoncé à son droit de souveraineté, et les propriétaires auraient fait l'abandon de leur droit de propriété sans aucun équivalent certain.

Cependant la France ayant renoncé à son droit de souveraineté, ses sujets ayant cessé d'être propriétaires, elle n'aurait plus le droit d'intervenir dans les affaires de Saint-Domingue, l'Angleterre pourrait s'immiscer dans son gouvernement, ou en faire la conquête, sans manquer aux traités de paix qui la lient avec la France ; ou, ce qui ne serait pas moins dangereux pour les autres colonies françaises des Antilles, si la révolte des noirs de Saint-Domingue se consolidait, elle finirait par amener celle des noirs de la Martinique et de la Guadeloupe.

La Jamaïque même ne serait pas à l'abri d'une révolte des esclaves; déjà on commence à craindre dans cette colonie anglaise un soulèvement général des Noirs, préparé par les agens de Boyer, si on doit ajouter foi aux journaux anglais, qui ont annoncé la découverte de cet effrayant complot.

La renonciation à la souveraineté de Saint-Domingue est

donc évidemment contraire aux véritables intérêts de la France et à ceux des colons et anciens propriétaires de cette colonie. Elle serait, comme on l'a déjà dit, préjudiciable à notre marine, que tant de motifs doivent porter le Gouvernement à réparer ses pertes, et à accroître et à encourager, pour balancer la puissance maritime de l'Angleterre, et qui ne peut se recréer qu'en formant des matelots, et des gens de mer par le commerce maritime ; et par suite, pour la conservation de nos colonies. Elle serait préjudiciable à nos manufactures qui, pour se maintenir dans l'état de prospérité auquel elles ont été portées par l'industrie française, ont besoin que le gouvernement ne néglige aucun moyen de leur procurer les acheteurs qui leur manqueront bientôt en France et en Europe ; enfin, elle serait préjudiciable à nos autres colonies des Antilles qui sont menacées des mêmes malheurs qui ont ruiné les colons de Saint-Domingue.

Les hautes considérations politiques et commerciales qui ont été exposées dans le précédent chapitre sur l'importance dont est pour la France la conservation de la souveraineté de Saint-Domingue, dispensent de les rappeler. Tous les avantages qui seraient la suite de la restauration de nos colonies et de notre marine marchande ne semblent pas devoir un instant être mis dans la balance avec les faibles concessions que les chefs actuels du gouvernement précaire de Saint-Domingue feraient, en échange de la renonciation au droit de souveraineté, et au droit de propriété qui appartient aux légitimes propriétaires.

Si, comme on l'a fait voir, il ne convient point aux intérêts de la France de renoncer à la souveraineté de Saint-Domingue, ni de traiter, avec les chefs du gouvernement actuel, d'une indemnité pour les colons, il ne reste d'autres ressources pour récupérer Saint-Domingue que les négociations qui jusqu'à présent ont été tentées inutilement, ou l'emploi de la force militaire. Mais ce dernier moyen serait-il praticable? serait-il possible? On ne doit pas dissimuler qu'on peut faire à ce sujet des objections d'une nature très-grave et qui, si elles étaient fondées, si elles ne pouvaient pas être réfutées, obligeraient, quoique à regret, à céder à la nécessité, et porteraient à faire accueillir par les conseils de la prudence, toutes les conditions qu'il serait possible d'obtenir pour l'indemnité des colons, ou pour favoriser le commerce des sujets français avec Saint-Domingue.

Les objections qui sont faites contre la proposition de reconquérir Saint-Domingue par la force des armes, peuvent se réduire à quatre. 1°. Le mauvais succès de l'expédition faite en 1802 sous le commandement du général Leclerc, expédition dans laquelle la France a perdu une de ses plus belles armées. 2°. Les dépenses considérables que nécessiterait l'armement d'une flotte et de l'armée expéditionnaire. 3°. Les difficultés de toute espèce attachées à une aussi vaste entreprise, et particulièrement celles résultant de l'impossibilité de rétablir l'esclavage des Nègres pour ceux qui jouissent depuis tant d'années de la liberté, et de se procurer, pour l'exploitation de la colonie, des Nègres d'Afrique, la traite des Nègres ayant été abolie du consentement de la France qui, à cet égard, s'est liée par des traités envers l'Angleterre. 4°. Enfin, dans le cas même de succès, l'impossibilité de la part des anciens propriétaires de se procurer les capitaux pour rétablir leurs habitations et les exploiter.

Il importe d'aborder franchement ces diverses objections, et de distinguer ce qu'elles peuvent contenir de vrai et de juste, d'avec ce qui est erroné ou exagéré.

Examen de la première objection : Le mauvais succès de l'expédition de 1802, sous le commandement du général Leclerc, provient de plusieurs causes qui n'ont pas été assez développées.

Les causes principales de la mauvaise issue de l'expédition du général Leclerc, sont, l'incertitude laissée par le gouvernement français sur le sort des noirs, incertitude dont les chefs des noirs et ceux qui dirigeaient Toussaint-Louverture, surent habilement profiter pour porter les noirs à incendier le pays et à se livrer à tous les excès dans la crainte de retomber dans l'esclavage des blancs dont on les menaçait. Cette première cause jointe aux fautes commises dans les opérations militaires, à la division et à la jalousie des généraux, aux désordres de l'administration, au despotisme révoltant exercé par plusieurs généraux contre les colons propriétaires, a produit tous les malheurs dont l'expédition du général Leclerc a été suivie.

Mais on aurait grand tort d'induire de là qu'une expédition mieux conduite, ne fût-elle composée que du tiers des forces qui formaient l'expédition de 1802, n'aurait aucun succès; cette dernière expédition, au contraire, pourrait être pour le gouvernement une expérience dont il pourrait profiter.

Que le Roi, en développant les forces militaires pour faire respecter les droits de la France sur Saint-Domingue, veuille bien déclarer que la liberté dont les nègres jouissent par suite des décrets de la Convention Nationale, ne leur sera point enlevée; que l'esclavage détruit ne sera point rétabli; que les noirs seront attachés aux habitations, et que, sous la protection des magistrats nommés par le Roi, ils recevront des colons propriétaires dont ils cultiveront les terres; des salaires dans l'état de santé, et des traitemens et secours dans l'état de maladie qui suffiront à tous leurs besoins (1).

Une semblable déclaration, en rassurant les nègres sur le

(1) Le gouvernement pourrait faire un Code pour les cultures comme il en avait été fait un par Toussaint-Louverture; comme il en existe à présent dans quelques parties de la colonie.

sort qui les attend après que la colonie sera rentrée sous la domination française, enlèverait aux mulâtres et aux chefs des nègres qui, dans leur propre intérêt, s'opposent à la restitution de Saint-Domingue à la France, les armes les plus redoutables et les plus dangereuses avec lesquelles l'expédition du général Leclerc a été combattue; leur condition ne serait pas plus mauvaise qu'elle l'est sous le régime actuel, leurs travaux ne seraient pas plus grands, et le salaire dont le paiement leur serait garanti serait plus fort : ils n'auraient donc aucun intérêt personnel à s'opposer à l'occupation de la colonie par les Français.

Cette première et principale cause du mauvais succès de l'expédition du général Leclerc étant détruite, une nouvelle expédition ne rencontrerait pas les mêmes obstacles qui ont arrêté la première.

Les forces nécessaires pour réduire Saint-Domingue n'ont pas besoin d'être considérables, ni hors de proportion avec les moyens militaires d'un royaume tel que la France; les renseignemens suivans sur la population actuelle de Saint-Domingue, renseignemens qu'on peut considérer comme authentiques, donneront une juste idée des ressources militaires de ce pays.

La population actuelle de Saint-Domingue est de deux cent trente à deux cent quarante mille noirs de tout âge et de tout sexe; de trois à quatre mille mulâtres : quant aux blancs, ils sont en si petit nombre, qu'on ne doit pas les compter; ils sont à peine tolérés. Le nombre des troupes régulières n'excède pas vingt mille hommes commandés par des mulâtres. Lors de l'expédition du général Leclerc, Toussaint Louverture, qui réunit toutes les forces de la colonie pour les opposer aux Français, n'eut jamais plus de vingt-cinq mille hommes. Il ne serait pas difficile de calculer combien il faudrait de soldats français pour vaincre cette armée de noirs, ét dans combien de temps toute la colonie pourrait être soumise par la force des armes. Mais ne voulût-on pas, par des motifs quelconques, exposer et développer dès à présent les forces militaires capables de soumettre la totalité de l'île de Saint-Domingue, le gouvernement pourrait envoyer une expédition portant seulement deux ou trois mille hommes qui s'empareraient d'un point facile à fortifier et à défendre contre les attaques des noirs, tel que celui du Môle Saint-Nicolas, y planterait le drapeau français, y prendrait de fait possession de Saint-Domingue pour la France. En même temps, la France déclarerait aux autres puissances de l'Europe qu'elle a mis les ports et rades de Saint-Domingue en état de blocus, et qu'elle n'en permet l'entrée et la sortie qu'aux navires de sa nation. La France a incontestablement le droit d'intercepter toute communication avec les insurgés; une flotte composée de quatre vaisseaux de guerre, de plusieurs frégates, et d'un plus grand nombre de bâtimens légers, suffirait pour exécuter le blocus de tous les ports et de toutes les rades, en même temps qu'il serait un très-utile exercice pour nos marins.

La présence d'une force militaire française, sur un point de l'île de Saint-Domingue, faciliterait les négociations et les traités particuliers qu'il serait facile de faire avec quelques-uns des nombreux chefs de noirs, qui, depuis la mort de Christophe, se sont rendus indépendans de Boyer, et ne reconnaissent que par force l'autorité de ce chef; et les préventions qui ont été excitées contre les blancs venant à se dissiper insensiblement, la France, au bout de quelques années, et en employant à propos, tantôt les négociations, tantôt la force des armes, finirait par recouvrer et reconquérir Saint-Domingue.

Des relations de commerce s'établiraient entre ceux qui sont à présent chargés des cultures à Saint-Domingue, et les manufacturiers français qui seraient seuls admis à leur fournir tous les objets dont ils ont besoin, en échange des produits de leur culture (1). Les manufacturiers français exploiteraient sans concurrence avec les sujets des autres puissances le commerce de cette colonie (2). Et si les chefs actuels de Saint-Domingue refusaient ces relations de commerce, ils n'auraient aucun débouché pour les produits de leur culture, avec lesquels ils paient tous les objets qui leur sont nécessaires.

Ce qu'on vient de dire, sur la première des objections faites contre la reprise de Saint-Domingue par la force des armes, a déjà répondu en partie à la seconde objection.

Sans doute que les dépenses de l'armement d'une flotte qui devrait porter une armée expéditionnaire de trente mille hommes, et toutes celles que nécessiteraient l'entretien de cette armée et son approvisionnement en vivres et en munitions de guerre, seraient considérables ; cependant on aurait sujet de s'étonner que cette dépense fût au-dessus des forces de la France, quand on fait attention que les revenus de

---

(1) Cet excédant des produits de Saint-Domingue, qui peut être livré au commerce, est bien loin de ce qu'il était avant la révolution de la colonie. D'après des documens récents, dont on peut garantir la vérité, les produits que Saint-Domingue peut livrer au commerce, ne s'élèvent pas au-dessus de vingt millions de livres coloniales par année ; le surplus de cette somme vient des sucres de la Jamaïque, qui sont apportés dans les ports de Saint-Domingue.

(2) Sur la somme de quarante millions de livres coloniales, à quoi est réduit le commerce annuel de Saint-Domingue, le commerce anglais entre pour environ trois sixièmes, celui des Etats-Unis pour deux sixièmes, et le commerce français fait, sous pavillon étranger, pour un sixième.

l'Etat ne sont pas moindres de ce qu'ils étaient sous le dernier gouvernement dont les dépenses pour la guerre étaient immenses, si on les compare avec celles auxquelles elles doivent être réduites par la diminution de notre état militaire et de notre marine depuis la restauration, et par la différence qui existe dans les dépenses de ces deux départemens entre l'état de paix et l'état de guerre.

Mais on sera forcé de convenir que les finances de l'état ne seraient nullement compromises par l'envoi à Saint-Domingue d'une expédition de deux ou trois mille hommes, et par celle d'une flotte employée au blocus des ports de cette île; les frais de cette expédition seraient bien compensés par les bénéfices procurés aux manufacturiers français, et par l'augmentation du produit des douanes; ce blocus diminuant la fraude qui se pratique en faisant entrer en France, comme venant de Saint-Domingue, des sucres qui ont été apportés dans cette colonie de la Jamaïque, et des autres colonies anglaises des Antilles.

On fait une troisième objection. On se plaît à énumérer toutes les difficultés qui sont attachées à une aussi vaste entreprise, et à la consolidation de la conquête de Saint-Domingue.

On admet, qu'à l'aide des forces militaires qui auront été déployées, la colonie aura été soumise à la France, et que tous les noirs capables de porter les armes auront été désarmés, et seront mis hors d'état de troubler le pays; avant d'avoir pu même obtenir ce résultat, le climat et les maladies, si ce n'est le feu de l'ennemi, auront fait périr un grand nombre de soldats. Mais comment utilisera-t-on la conquête, si les noirs qui ont été affranchis par les décrets de la Convention nationale ne sont pas rétablis en esclavage; et si, au moyen des traités de paix qui ont aboli la traite des noirs, et auxquels la France a donné son consentement, cette puissance a pris l'engagement d'interdire à ses sujets le commerce des esclaves sur les côtes d'Afrique? La France, dit-on, aura donc fait des frais inutiles en hommes et en argent; elle n'aura fait qu'une conquête stérile : il y a plus, elle aura même enlevé à ses sujets la part, qu'en concurrence avec les sujets des autres nations manufacturières et agricoles, ils ont dans le commerce qui se fait avec Saint-Domingue.

Il faut avouer franchement que ces objectious méritent une réponse sérieuse : nous allons tâcher de la faire.

L'esclavage des noirs n'est pas absolument nécessaire pour la culture de l'île de Saint-Domingue ; l'expérience a prouvé que l'esclavage pourrait être utilement remplacé par des règlemens de culture qui, en laissant la liberté aux Nègres, les attachent à chaque habitation, et leur imposent un travail d'un nombre d'heures par jour, en leur garantissant des salaires proportionnés à leurs travaux. Toussaint-Louverture a fait exploiter la colonie pendant tout le temps de sa domination par le moyen d'un semblable règlement de culture. En ce moment l'esclavage n'est pas rétabli à Saint-Domingue ; les noirs n'y sont pas propriétaires; car les propriétés des colons n'y ont pas été partagées entre les noirs, mais elles ont été retenues par les chefs qui se sont emparés du pouvoir, et c'est au profit de ces chefs que les terres sont cultivées par les noirs. Or, pourquoi ceux-ci ne cultiveraient-ils pas pour le compte des colons anciens propriétaires comme ils cultivent aujourd'hui pour le compte de leurs chefs? On peut donc rétablir la culture à Saint-Domingue avec des noirs, sans qu'il soit absolument nécessaire de faire rentrer dans l'esclavage tous les noirs qui auraient pu y être apportés des côtes d'Afrique, si la traite des Nègres n'avait pas été abolie.

Au reste, c'est une erreur de penser que la colonie de Saint-Domingue ne peut être cultivée que par des hommes qui, comme les noirs de l'Afrique, sont nés sous un climat dont la température se rapproche de celle de Saint-Domingue, et que des Européens seraient incapables de résister aux travaux qu'exige la culture sous un ciel brûlant. Il ne serait pas impossible d'acclimater les Européens au point de faire faire par eux tous les travaux qui, jusqu'à présent, ont été confiés aux Nègres. Il suffirait peut-être pour cela de changer les heures des travaux, et de choisir pour un travail de sept heures par jour le moment de la journée où le soleil est d'une ardeur moindre, et où la chaleur est d'ailleurs tempérée *par une brise de vent.* On peut encore, à cet égard, se fonder sur l'expérience des autres colonies et sur celle de la colonie de Saint-Domingue elle-même. Cette dernière colonie n'a pas toujours été cultivée par des Nègres; ils ne furent employés à la culture de la colonie qu'en l'année 1694 (1). Jusque-là les flibustiers et les boucaniers qui en firent la conquête sur les naturels du pays, la cultivèrent eux-mêmes, et la Compagnie à qui elle fut concédée n'eut, pour l'exploiter, que des Européens. Un ancien colon qui a une longue expérience des colonies, et particulièrement de celle de Saint-Domingue, a conçu l'heureuse idée des travailleurs enrégimentés qui seraient employés en même temps à la culture et au service militaire. Ce plan réunirait de grands avantages, surtout dans les premières années de la restauration de la colonie.

Enfin, une quatrième et dernière objection est tirée de l'état de misère et de détresse dans lequel se trouvent les anciens propriétaires de Saint-Domingue, de leurs dettes;

____

(1) Voyez à la fin de l'ouvrage la note (A).

on demande comment il serait possible à ces propriétaires de.
Saint-Domingue qui succombent déjà sous le poids de leurs
dettes anciennes, de se procurer les grands capitaux sans
lesquels toute exploitation utile est impossible. Et de là on
a conclu qu'il leur serait plus avantageux de recevoir, par la
médiation et la puissante protection de la France, l'indemnité, quelque faible qu'elle fût, que les usurpateurs de Saint-
Domingue consentiraient à leur payer comme le prix de leur
renonciation à leur droit de propriété , que d'être réintégrés dans des propriétés qu'ils ne pourraient ni conserver
ni cultiver.

On ne dissimule pas que les infortunés propriétaires de
Saint-Domingue ne retrouvant après trente années de malheurs et de besoins, que le terrain sur lequel étaient situées
leurs habitations , sans leur immense mobilier et sans les
noirs qui formaient la principale partie de ces habitations,
seraient dans une situation bien pénible. Mais la justice du
Gouvernement ne les laisserait pas sans doute à la merci de
leurs créanciers ; une loi fondée sur l'équité interviendrait
pour modifier les droits des créanciers et accorder aux débiteurs des délais raisonnables pour acquitter leurs dettes ;
les nombreux capitaux qui existent en France sans emploi,
ne tarderaient pas à être placés dans les exploitations dont les
bénéfices appelleraient les capitaux.

Mais quelque faible que fût l'avantage que les anciens propriétaires retireraient de la restitution de leurs propriétés, il
serait toujours au-dessus d'une indemnité pour le paiement
de laquelle ceux qui la promettraient ne pourraient donner
aucune garantie. D'ailleurs, ce n'est pas dans l'intérêt seul
des propriétaires qu'il importe de considérer leur réintégration
dans leurs propriétés , mais encore et surtout l'intérêt de
l'Etat doit principalement fixer l'attention du Gouvernement.

Or, cet intérêt s'oppose à ce que les sujets français renoncent à leur droit de propriété sur le sol de Saint-Domingue, comme ce même intérêt s'oppose à ce que cette colonie soit détachée de la France , et à ce que S. M. Louis XVIII renonce au droit de souveraineté qui lui appartient sur cette île (1).

---

(1) On trouvera à la fin de cet écrit, sous la note (B), un excellent article sur les colonies , imprimé dans le Conservateur, tome II , de l'année 1819, qui développe les mêmes principes que nous avons exposés à nos lecteurs. Ils nous sauront gré de remettre sous leurs yeux une opinion qui fait honneur à la sagacité et à la profondeur de vues de son auteur.

CHAPITRE IV.

Des droits des colons propriétaires, et des obligations dont le gouvernement peut être tenu envers eux.

La situation des colons propriétaires sera considérée sous deux rapports : d'abord comme débiteurs pour les dettes par eux contractées pour l'acquisition de leurs habitations ou de leurs accessoires, avant les désastres de la colonie ; ensuite comme propriétaires des terres ou du sol de Saint-Domingue. De chacune de ces situations il résulte, en faveur des colons, des droits qu'il est nécessaire d'exposer et de développer.

§ I. *De la situation des colons à l'égard de leurs créanciers.*

Comme débiteurs, les colons ont droit à toute la sollicitude du gouvernement ; ce n'est pas par un événement de force majeure qu'ils ont perdu leurs propriétés, et que leurs habitations ont été livrées au pillage de la part de leurs esclaves, mais par suite des faits et des actes de ceux qui, en France, s'étaient emparés du pouvoir, et étaient en possession du gouvernement de fait, dont tous les actes ont été maintenus par des raisons d'intérêt public. L'équité la moins scrupuleuse devait engager le gouvernement, premier auteur de la ruine des colons, à venir à leur secours et à les préserver des poursuites de leurs créanciers. C'est aussi ce qui a eu lieu.

Un arrêté des Consuls de la République, du 19 fructidor an X (art. 1.) « sursoit jusqu'au premier vendémiaire an XVI, « tant envers les débiteurs principaux qu'envers les cautions, « à toutes poursuites pour le paiement des créances anté- « rieures au premier janvier 1792, causées pour ventes d'ha- « bitations, de maisons et de nègres à Saint-Domingue, « ainsi que pour avances faites à la culture dans ladite « colonie. »

A l'expiration de ce délai, il fallut le renouveler, les colons n'ayant pas recouvré leurs propriétés sans lesquelles il leur est impossible d'acquitter leurs dettes.

Lors de la première restauration, et lorsque l'espoir de voir la colonie de Saint-Domingue rentrer sous la domination de son légitime Souverain fut permis, le gouvernement du Roi, pénétré des malheurs des colons, et de leur cause, proposa une loi tendant à leur accorder un sursis contre leurs créanciers. Ce fut l'objet de la loi du 2 décembre 1814. Le délai fixé par cette loi étant expiré, une seconde loi du 21 février 1816 prorogea le sursis jusqu'à la fin de la session des deux Chambres, qui s'ouvrirait en 1817. On commença dès-lors à apercevoir qu'il convenait de mettre un terme à ces sursis, et que le droit, d'accord avec l'équité, demandait que la loi fît plus pour les colons que de leur accorder un sursis, et qu'elle devait prononcer définitivement entre les droits des créanciers et les modifications que les débiteurs étaient fondés, d'après les circonstances qui avaient causé leur ruine, à demander à leurs obligations originaires. Dans cet objet, l'article premier de la loi dispose que, « Le Mi- « nistre de la marine et des colonies continuera ses diligences « auprès des Chambres de Commerce, et partout où besoin « sera, pour rassembler les renseignemens nécessaires sur « l'étendue et la nature des créances qui sont l'objet desdits

« arrêtés et décrets , et recueillera leurs avis sur les moyens
« les plus propres à concilier les intérêts des colons et ceux
« de leurs créanciers. »

Le Ministre de la marine et des colonies n'avait pas encore
préparé son travail en 1818 ; après de vifs débats dans la
Chambre des Députés , la loi du 15 avril 1818 prorogea encore le sursis accordé aux colons par les lois précédentes ,
jusqu'à la fin de la session des Chambres, qui s'ouvrit en
1819.

Dans la session des Chambres de l'année 1820 , un projet
de loi , pour un nouveau sursis, a été adopté par la Chambre
des Pairs, sur le rapport de M. le marquis Lally-Tollendal ,
dans sa séance du 19 juin 1820 ; mais la session ayant été close
avant que ce projet ait pu être porté à la Chambre des Députés, il est resté imparfait, en sorte que dans l'état actuel de
la législation , les colons de Saint-Domingue ne sont plus protégés par les lois de sursis , et qu'ils peuvent être poursuivis
par leurs créanciers.

Dans la session prochaine , la question du sursis réclamé
par les colons de Saint-Domingue sera certainement agitée ,
soit à l'occasion des pétitions présentées à la Chambre par les
colons , soit par le renvoi qui sera fait par le gouvernement à
la Chambre des Députés de la proposition de la loi accueillie
par la Chambre des Pairs dans la précédente session.

Les adversaires du projet de loi s'opposeront à l'obtention
d'un sursis demandé après tant de lois de sursis dont les délais se sont successivement écoulés , sans aucun résultat utile
ni pour les créanciers, ni pour les débiteurs. Ils invoqueront
la foi due aux conventions, et le maintien *du droit commun*
à l'égard de leurs débiteurs. Ils rappelleront les principes du
droit qui enseignent que l'obligation personnelle suit la personne du débiteur ; que tous les biens du débiteur, même

ceux qu'il ne possédait pas au temps du contrat, et ceux qu'il acquiert dans la suite par son industrie ou par succession, sont le gage de tous ses créanciers et passibles de l'exécution de toutes les obligations qu'il a contractées. Ils diront, que dans le droit, la perte des biens du débiteur par un événement de force majeure, même la perte des biens sur lesquels la créance était hypothéquée, n'est pas une cause d'extinction de la dette; que l'hypothèque n'est que l'accessoire de l'obligation, et que la perte de l'accessoire n'entraîne pas l'extinction de l'obligation principale. (Il faut convenir franchement que telle est la vérité des principes du droit, et que ce ne sont pas ces principes en eux-mêmes qui sont susceptibles d'être contestés, mais seulement l'application qu'on veut en faire aux colons de Saint-Domingue.) Nous accorderons donc ces trois principes qu'invoquent les défenseurs des créanciers des colons, et les adversaires du projet de loi relatif au nouveau sursis : 1° le premier, que la chose périt pour le compte de celui qui en était propriétaire au moment de sa perte, comme il profite seul des augmentations de valeur que reçoit la chose; c'est le vrai sens de cette maxime de droit vulgaire *res perit domino* (1); 2° le second, que la perte des biens du débiteur par suite d'un incendie ou d'une inondation, n'emporte pas l'extinction de la dette légalement contractée (2); 3° le troisième, que quiconque s'est obligé personnellement, est tenu de remplir son engagement sur tous ses biens mobiliers et immobiliers, présens et à venir (3).

---

(1) Leg. 7 . ff. *de pericul. et commod. rei vendit.*
(2) Leg. 1. *Cod. si cert. petat.*
(3) Cod. civ., art. 2092,

Mais ces principes ne doivent-ils pas être modifiés à l'égard des colons, 1° par la législation de Saint-Domingue, sous laquelle la dette a été contractée ; 2° par la cause de la perte de leurs biens, qu'on ne peut assimiler à un événement de force majeure, dans le sens des lois qui déclarent que la chose périt pour le propriétaire ? C'est là, ce nous semble, qu'est, la véritable question qu'il s'agit d'examiner.

Avant d'entrer dans la discussion de cette question, il convient de dire que ce ne sont pas toutes les dettes contractées par les colons sans aucune distinction, dont on s'occupe dans cet écrit, mais que les principes et les raisonnemens par lesquels on soutient les droits des colons s'appliquent seulement et uniquement « aux dettes causées « pour vente d'habitations, de maisons et de nègres à Saint- « Domingue, ainsi que pour avances faites à la culture dans » ladite colonie. »

Ce sont les expressions de l'arrêté des consuls du 19 fructidor an X, auquel toutes les lois postérieures sur les sursis des colons se réfèrent.

Toutes les dettes sur lesquelles la loi à venir aura à prononcer, soit à l'égard du nouveau sursis réclamé par les débiteurs, soit à l'égard de la modification à apporter dans les droits des créanciers, ayant été contractées dans la colonie de Saint-Domingue, pour la culture ou pour l'exploitation des habitations, et sous l'empire des lois qui étaient en vigueur dans le lieu où les conventions ont été passées, c'est sans doute une présomption de droit que les créanciers, en contractant avec leurs débiteurs, ont été principalement et peut-être même exclusivement déterminés par la fortune et les établissemens que possédaient ceux avec qui ils contractaient dans la colonie. C'est sur cette fortune et sur ces biens que leur confiance a été accordée, et non sur les biens que quelques-uns d'eux possédaient en France, ou qui pourraient leur échoir un jour par succession, à moins que le contraire ne soit écrit et stipulé dans les contrats, comme par exemple, si le débiteur avait affecté expressément à son obligation les biens qu'il possédait en France, et la loi pourrait faire une exception pour ce cas. On ne refusera pas non plus d'admettre, comme une autre présomption, que les créanciers n'ont dû compter que sur la protection des lois telles qu'elles régissaient les colonies au temps du contrat. Or, on sait que la différence des biens des colonies et de ceux de la France, avait apporté des modifications à l'exécution des lois françaises dans les colonies : cette différence, dit l'auteur du Répertoire de Jurisprudence, *verbo Colonie*, § I, « ne per- « met pas d'y exercer rigoureusement les formalités pres- « crites en France pour la satisfaction des créanciers; aucune « loi n'autorise dans les îles les saisies-réelles, quoique quel- « ques-unes les supposent possibles. Enfin, pour prévenir « l'inconvénient qu'il y aurait, ou de saisir les esclaves d'un « débiteur, ce qui ruinerait entièrement ses plantations, ou « de saisir les terres et de priver le débiteur des moyens « d'occuper les esclaves, les lois qui permettent dans les « colonies de saisir les jardins, veulent que le créancier fasse « en même temps saisir les esclaves qui y sont attachés. »

Il paraît donc juste de noter une différence entre les obligations contractées dans les colonies par les colons pour vente d'habitations, de maisons et de nègres, et pour avances faites pour la culture, et sans aucune garantie ni hypothèque sur des biens soumis hors de la colonie, et les obligations contractées en France dans les conventions ordinaires. Pour les premières, le créancier était averti que les lois ne lui accorderaient pas contre son débiteur tous les moyens qu'elles lui auraient donnés en France; qu'elles ne lui permettraient ni les saisies-réelles des immeubles , ni les saisies des esclaves qui étaient le mobilier de la plus grande valeur pour les colons. Les véntes à terme et les prêts d'argent faits aux colons étaient très-onéreux pour le débiteur, et très-lucratifs pour le créancier, pour indemniser ce dernier de la chance qu'il courait de la mauvaise fortune de son débiteur, et de l'insuffisance des lois qui ne le protégeaient pas dans l'exercice de ses droits contre tous les biens du débiteur. En un mot, les contrats faits avec les colons tenaient, en quelque chose, des contrats maritimes, ou à la grosse aventure, dans lesquels, à cause des chances que courait le créancier, les lois permettaient de stipuler les usures ou intérêts au taux que les parties consentaient à les fixer (1).

C'est en considérant les créanciers des colons pour raison de la vente des habitations, ou pour des prêts à eux faits pour être employés à la culture de leurs terres, comme étant en quelque sorte des prêteurs à la grosse aventure, et en assimilant leurs créances à celles qui proviennent des contrats ou usures maritimes qu'il pourrait être permis de dire avec un noble pair (2), qu'il existait entre le négociant de France qui prêtait ses fonds au propriétaire de Saint-Domingue, et ce propriétaire, une espèce de société pour l'exploitation de l'habitation appartenant à ce dernier, d'où on pourrait tirer la conséquence que l'habitation et les esclaves qui servaient à son exploitation ont péri pour l'un comme pour l'autre; car autrement il faudrait dire que le gouvernement français pût dire aux négocians français qui

---

(1) Leg. 7. ff. de usur.

(2) M. le marquis de Lally-Tollendal , dans son rapport à la Chambre des Pairs , du 16 juin 1820.

ont.fait des avances aux colons de Saint-Domingue (1) : « Je
« viens d'enlever à vos associés colons toutes les marchandises
« que vous leur avez livrées, et je vous livre leurs personnes
« pour qu'elles soient contraintes à vous payer le prix de
« tout ce que je leur ai enlevé. Dans la société qui existait
« entre vous et eux, je prétends que tous les risques, que
« toutes les pertes soient pour ceux que je dépouille. Je me
« suis emparé de leur ancienne fortune qui était votre ga-
« rantie : emparez-vous de leur fortune nouvelle, qui vous
« est étrangère. Je leur ai pris ce que vous aviez acquis en-
« semble : prenez-leur ce qu'ils acquerront seuls ; qu'ils res-
« tent sans ressource, et nous sans sacrifice. »

Qui ne serait pas révolté de l'injustice d'un pareil langage !

Cette différence essentielle qui existe entre les obligations
contractées en France et celles contractées dans les colonies,
serait déjà un motif raisonnable pour que le législateur in-
tervînt entre les colons débiteurs et leurs créanciers, à l'effet de déterminer le mode de poursuivre et d'exécuter en
France des obligations qui, dans l'intention des parties
contractantes, ne devaient être exécutées que dans les colonies et sur des biens dont les créanciers ont été dépouillés
par des événemens non de force majeure, mais par suite des
actes du gouvernement ; actes par lesquels l'équité leur as-
surerait un recours en garantie contre le gouvernement actuel, comme ayant succédé à toutes les obligations contractées par les divers gouvernemens de fait qui ont régi la
France pendant l'absence du souverain légitime. C'est sous

---

(1) A l'époque où la Convention nationale décréta l'affranchissement des noirs, la colonie de Saint-Domingue devait, au commerce
de France, au moins 150 millions de francs.

ce second rapport que les principes stricts du droit invoqués par les créanciers des colons doivent être modifiés.

On appelle événemens de force majeure, dans le langage des lois, les maladies et les mortalités naturelles du bétail et des animaux de service, et généralement toutes les pertes qui arrivent sans notre faute, comme la fuite imprévue des esclaves que l'on n'a pas coutume de tenir enfermés, les vols et rapines, les séditions tumultueuses, les incendies, les débordemens des eaux, les irruptions et les courses des ennemis, des voleurs, des corsaires, et tous les accidens du même genre. (Leg. 23 , ff. *de regul. jur.*)

Les désastres de la colonie de Saint-Domingue ne peuvent être attribués à aucune cause semblable. L'affranchissement des nègres qui a enlevé aux colons presque la moitié de leurs capitaux, et qui a détruit toute la valeur de leurs immeubles, en leur enlevant tous les moyens d'exploitation, ne peut pas être, à leur égard, considéré comme un événement de force majeure, mais comme une suite de la loi du 16 pluviôse an II, par laquelle la Convention Nationale a aboli l'esclavage dans toutes les colonies, et de celle du 12 germinal suivant, qui a déclaré les nègres citoyens français, et les a appelés à jouir de tous les droits assurés par la constitution. Tous les malheurs qui ont accablé les colons, et qui ont entraîné, avec leur ruine totale, la destruction de cette belle colonie, ont leur principe dans ces actes aussi absurdes qu'impolitiques de la Convention Nationale. Serait-il juste et conforme à l'équité, que les colons n'eussent aucun recours contre le gouvernement, pour le préjudice qu'ils ont éprouvé par ces actes, et par les agens ou commissaires qu'il a envoyés dans la colonie? On objecte que les lois qui ont aboli en France le régime féodal, ont aussi causé la ruine des créanciers des rentes foncières mélangées de féodalité, et que ces créanciers aussi injustement que violemment dépouillés, comme l'ont été les colons par la liberté accordée à leurs esclaves, n'ont reçu pour ce dommage aucune indemnité, et qu'ils n'ont pas cessé d'être obligés au paiement des dettes qu'ils avaient contractées pour l'acquisition de ces rentes abolies, au profit des débiteurs, sans aucune indemnité. On pourrait répondre, que l'injustice commise par ceux qui exerçaient la puissance législative en 1793, contre les propriétaires des droits féodaux, ne peut pas justifier celle dont les colons ont été la victime par suite des actes de la même puissance. Il existe d'ailleurs, entre les colons et les propriétaire, des droits féodaux, une différence qui ne permet pas de les assimiler les uns aux autres. Les colons, en perdant leurs nègres et étant expulsés de leurs habitations par la révolution qui a été excitée à Saint-Domingue, ont été réduits dans un état de ruine complète ; ils n'ont pu sauver que leurs personnes du naufrage dans lequel ils ont été entraînés. Il n'en est pas de même des propriétaires de droits féodaux, ce n'est pas leur existence toute entière que l'abolition du régime féodal a détruite, mais seulement une partie plus ou moins grande de leurs ressources et de leurs biens. Il ne serait donc pas extraordinaire de soutenir que les colons seraient fondés à exercer contre le gouvernement, et pour se soustraire aux poursuites de leurs créanciers, une action en garantie qui n'a pas été admise pour les propriétaires de droits féodaux.

C'est par ce sentiment d'équité, qui s'élève en faveur des colons contre l'Etat, dont les actes ont causé la ruine, que les divers gouvernemens qui se sont succédés en France, ont accordé des secours aux colons et les ont protégés par des lois de sursis contre les poursuites de leurs créanciers ; ce qui n'a pas eu lieu pour les propriétaires de droits féodaux, auxquels aucun secours ni aucun sursis n'ont été accordés. Le

gouvernement lui-même a donc, dans ses propres actes, reconnu et établi une différence entre les colons et les autres
propriétaires, dont les lois et les actes de la Convention Nationale ont également détruit les propriétés. Donc le gouvernement qui n'est pas intervenu entre les créanciers de ces
derniers et eux, pour régler leurs droits respectifs, pour les
créances provenant des propriétés détruites par les lois de la
révolution, peut et doit intervenir entre les colons et leurs
créanciers, parce qu'il existe de la part du gouvernement, et
envers les colons, une responsabilité particulière pour la
perte de leurs propriétés.

Maintenant, comment le gouvernement prononcera-t-il
entre les colons et leurs créanciers? Proposera-t-il aux Chambres un nouveau sursis pour un temps limité ou indéfini?
Ce ne serait rien faire pour les malheureux débiteurs. On se
trompe, ce serait consommer leur ruine par l'accumulation
déjà si grande, d'une dette qu'on laisserait subsister. Ce
serait les réduire à l'impossibilité d'acquérir aucun bien,
et les détourner de l'exercice d'aucune industrie utile, dans
la crainte de voir le produit de leurs peines et de leurs travaux, devenir la proie de leurs créanciers; enfin ce serait
affecter à leurs créanciers tous les biens que des successions,
soit testamentaires, soit *ab intestat* pourraient leur procurer, et les entraves apportées dans toutes les affaires des malheureux colons, seraient d'autant plus grandes, que les lois
de sursis permettent aux créanciers les actes conservatoires
(voyez l'article 6, de l'arrêté des Consuls du 19 fructidor
an X). Ainsi, tous les immeubles que peuvent acquérir les
colons, sont susceptibles d'être grevés des inscriptions hypothécaires, prises par leurs anciens créanciers : dès lors ils ne
peuvent pas aliéner ces immeubles, car l'acquéreur en retien-
drait le prix entre ses mains, jusqu'à ce que l'inscription eût

été levée. Aux termes de l'article 2 de l'arrêté du gouvernement, du 23 germinal an XI, les oppositions mises par les créanciers entre les mains des débiteurs des colons, n'empêchent pas la délivrance des capitaux qui leur sont dus, mais à la condition imposée aux colons de justifier, dans le délai de six mois, à compter du jour des oppositions, que l'emploi des sommes en provenant a été fait à l'exploitation ou amélioration d'habitation de la colonie; sinon ils peuvent être déclarés déchus du bénéfice de la surséance accordée par l'article 1er. Les capitaux mobiliers des colons, de même que les capitaux immobiliers, sont donc entravés et enlevés à la circulation par les lois de sursis, ce qui n'est pas moins contraire à l'intérêt public, qu'à l'intérêt particulier des colons.

Le gouvernement prendra-t-il le parti de proposer une loi qui réduirait les dettes des colons à une certaine quotité, comme par exemple au tiers, ou au quart, ainsi que la loi du 21 février 1816 semble l'avoir annoncé, en « chargeant « le ministre de la marine et des colonies, de rassembler les « renseignemens nécessaires sur l'étendue et la nature des « créances des colons, et de recueillir les avis des Chambres « de commerce, sur les moyens les plus propres à concilier « les intérêts des colons et ceux de leurs créanciers? » Mais d'après quelles bases cette réduction pourrait-elle être calculée avec justice, et le temps qui s'est écoulé depuis la loi du 21 février 1816, sans que le ministre de la marine ait présenté ces moyens de conciliation, ne sont-ils pas une preuve de la difficulté à trouver la solution d'un problême aussi délicat?

Peut-être ce qu'il y aurait de plus convenable dans la position des choses, serait de surseoir indéfiniment aux poursuites des créanciers, en déclarant qu'il serait statué par une loi sur les droits des créanciers contre leurs débiteurs, lorsque les anciens propriétaires seraient rentrés dans leurs biens, ou qu'il leur aurait été accordé quelque indemnité pour la cession de leurs propriétés. Mais dès à présent il est nécessaire que la loi décide que les actes conservatoires permis aux créanciers des colons par la législation actuelle, et particulièrement les inscriptions hypothécaires sur les immeubles des débiteurs, ne pourront être prises que pour une partie du capital de la créance due, comme par exemple le tiers ou le quart.

Cette mesure procurerait quelque soulagement aux colons, et le gouvernement se donnerait le temps nécessaire pour prononcer sur la réduction des dettes, avec équité et une pleine connaissance de cause.

Au reste, les colons, en réclamant l'intervention du gouvernement auprès de leurs créanciers, ne demandent que l'exécution des promesses qui leur ont été faites ; ils ne demandent pas même au gouvernement tout ce qu'ils auraient le droit d'exiger de lui, d'après les principes de la justice la plus commune et le droit commun (on veut parler de l'indemnité à laquelle ils auraient droit pour raison de la perte de leurs propriétés, causée par le fait du gouvernement, pour un motif prétendu d'intérêt public.) On estime, d'après des calculs qui méritent toute confiance, la valeur des nègres appartenant aux colons de Saint-Domingue, et acquis par eux avant la révolution, à la somme de 108,000,000 fr. Cette propriété leur a été enlevée par les actes et décrets des gouvernemens de fait qui ont proclamé la liberté des noirs, pour cause d'intérêt public, pour le triomphe des principes, pour le perfectionnement de l'état social ; ainsi, c'est pour l'Etat que les colons ont été obligés de faire le sacrifice de la propriété de leurs esclaves , l'Etat leur doit pour cela une légitime indemnité, car il n'est pas juste qu'ils supportent seuls une perte dont toute la société doit profiter. Les colons sont même plus favorables que les émigrés, et leur droit à une indemnité est encore plus sacré que celui des émigrés, comme on l'établira dans le paragraphe suivant.

§ II. *De la situation des colons de Saint-Domingue à l'égard du gouvernement, et de ce qu'ils ont le droit de réclamer de lui.*

Si le droit de souveraineté établit des obligations de la part des sujets envers le souverain, il impose aussi des devoirs au souverain envers les sujets. Les obligations des sujets et celles des souverains sont réciproques ; les souverains sont obligés d'employer toutes les forces de l'Etat pour protéger les biens et les propriétés de leurs sujets, c'est à cette condition que les sujets paient des impôts et pourvoient à toutes les dépenses de l'Etat, en l'aidant de leurs biens et même de leurs personnes dans la guerre avec d'autres Etats ; c'est ce qui donne une cause juste et raisonnable au contrat tacite qui intervient entre le souverain et les sujets ; c'est ce qui légitime les droits du souverain.

Les principes enseignés par les plus célèbres publicistes, sur les obligations et les devoirs des nations envers elles-mêmes, ne sont pas moins certains. Dans l'acte d'association, en vertu duquel une multitude d'hommes forment ensemble un état, une nation, chaque particulier s'est engagé envers tous à procurer le bien commun, et tous se sont engagés envers chacun, à lui faciliter les moyens de pourvoir à ses besoins, à le protéger et à le défendre. Il est manifeste que ces engagemens réciproques ne peuvent se remplir qu'en maintenant l'association politique ; la nation entière est donc obligée à maintenir cette association.

Si une nation est obligée de se conserver elle-même, elle ne l'est pas moins de conserver précieusement tous ses membres, elle se le doit à elle-même, puisque perdre quelqu'un de ses membres c'est affaiblir et nuire à sa propre conservation ; elle le doit aussi aux membres en particulier, par un effet de l'acte même de l'association, car ceux qui composent une nation se sont unis pour leur défense et leur commun avantage. Nul ne peut être privé de cette union et des fruits qu'il en espère, tant que de son côté il en remplit les conditions.

C'est de ces principes, sur lesquels reposent les fondemens des sociétés, que Vatel conclut que « le corps de la nation « ne peut abandonner une province, une ville, ni même un « particulier qui en fait partie, à moins que la nécessité ne « l'y contraigne, ou que les plus fortes raisons, prises du « salut public, ne lui en fassent une loi. » Voy. Vatel, du Droit des Gens, tom. I, liv. 1, chap. 2, §. 17.)

Une autre conséquence des mêmes principes, est que les divers membres d'un même état, participant tous aux avantages qu'il procure, doivent constamment le soutenir. Ils se sont promis de faire, en toute occasion, cause commune. Si ceux qui sont menacés ou attaqués, pouvaient se détacher des autres, pour éviter un danger présent, tout l'Etat serait bientôt dissipé et détruit ; il est donc essentiel au salut de la société, et au bien même de tous ses membres, que chaque partie résiste de toutes ses forces à l'ennemi commun plutôt que de se détacher des autres, et c'est par conséquent une des conditions nécessaires de l'association politique.

« Lors donc, dit Vatel, qu'une ville, une province est « menacée, ou actuellement attaquée, elle ne peut, pour se « soustraire au danger, se séparer de l'Etat dont elle est « membre, ou abandonner son prince naturel, même quand

« il n'est pas en son pouvoir de lui donner un secours présent
« et efficace. Son devoir, ses engagemens politiques l'obli-
« gent à faire les plus grands efforts, pour se maintenir dans
« son état actuel.

Par les mêmes raisons, l'Etat à son tour « est obligé de
« défendre et de conserver tous ses membres, et le prince
« doit la même assistance à ses sujets. S'ils refusent ou né-
« gligent de secourir un peuple qui se trouve dans un danger
« imminent, ce peuple abandonné devient absolument le
« maître de pourvoir à sa sûreté, à son salut, de la manière
« qui lui conviendra le mieux, sans aucun égard pour ceux
« qui lui ont manqué les premiers. » (Vatel, tom. I, liv. i,
chap. 18.)

On retrouve cette doctrine de Vatel dans tous les publicistes dont Vatel n'a fait que recueillir les maximes généralement et universellement admises. (Voy. Puffendorff, liv. 8,
chap. 6, § 14.)

Mais ces principes sont-ils applicables aux colonies à l'é-
gard de la mère-patrie?

C'est une maxime du droit des gens que, lorsqu'une nation
s'empare d'un pays éloigné et y établit une colonie, ce pays,
quoique séparé de l'établissement principal, fait naturellement partie de l'Etat, tout comme ses anciennes possessions.
Toutes les fois donc que les lois politiques ou les traités n'en
disposent pas autrement, tout ce qui se dit du territoire
d'une nation, doit s'entendre aussi de ses colonies.

La colonie de Saint-Domingue faisait, avant la révolution,
partie du royaume de France; les colons et propriétaires de
Saint-Domingue étaient sujets de la couronne de France, et
jouissaient des mêmes droits que tous les autres sujets français. Ils peuvent donc invoquer les principes du droit des
gens qu'on vient de développer, et demander à S. M. le Roi

de France, qui est leur légitime souverain, sa protection et l'appui de toute la France, pour leur faire récupérer leurs propriétés dont la révolte et l'insurrection les ont dépouillés, comme les propriétaires d'un département quelconque de France dont les propriétés auraient été envahies, auraient incontestablement le droit d'implorer toutes les forces de l'Etat pour expulser les spoliateurs de leurs biens.

La France possède la souveraineté de Saint-Domingue depuis près de deux siècles ; dès l'année 1566, cette île était déjà réunie au domaine du Roi, et depuis cette réunion les colons de cette île avaient été conservés dans les mêmes immunités, priviléges et franchises, et tous les ministres du Roi avaient engagé sa parole royale qu'il ne leur serait jamais imposé aucun droit ; mais la colonie a souvent donné à la France des secours importans en argent, et si les colons étaient exempts des impositions territoriales et foncières, la France, en vertu de son droit de souveraineté, avait établi des impôts sur l'entrée et la sortie des marchandises, qui s'élevaient, comme on l'a dit ci-dessus, chap. 1er, à la somme de vingt-un millions cinq cent quatre-vingt-dix-sept mille, cent quatre-vingt livres tournois.

Il est donc vrai que, pendant près de deux siècles, la France a retiré des avantages immenses de la souveraineté de l'île de Saint-Domingue, non-seulement par la perception des impôts sur les douanes, mais encore par le commerce avantageux qu'y faisaient les sujets français, à l'exclusion des sujets des autres nations. La France a largement recueilli les bénéfices du droit de souveraineté; en échange, elle doit aux colons son secours pour les réintégrer dans leurs pro-priétés.

Cette haute protection, ces efforts puissans que les colons de Saint-Domingue ont le droit de réclamer de la France, en vertu de la souveraineté qui appartient à la couronne de France sur cette île, et en quelque sorte, comme le prix de toutes les charges de la souveraineté qu'elle a supportées et dont la France a profité depuis la réunion de Saint-Domingue à la France, pourraient encore être justifiés par l'intérêt actuel et présent de la France.

Après une révolution qui a donné naissance à tant de fortunes extraordinaires et qui a fait un appel à toutes les passions comme à toutes les ambitions, par le grand nombre de chances qu'elle avait ouvertes, il est nécessaire, pour donner un aliment à ces ambitions inquiètes qui n'ont plus les moyens d'être satisfaites en France, que le Gouvernement s'occupe de rétablir les grandes chances de fortune qu'offraient nos colonies avant la révolution.

A ces considérations tirées des personnes et de la nécessité de donner à ceux que les changemens survenus dans le gouvernement de la France ont arrêtés dans leur carrière, viennent encore se joindre des considérations tirées des choses et de la situation de notre commerce et de l'état de nos manufactures de toute espèce.

La dernière guerre avec l'Angleterre et le système du blocus continental qui, durant plusieurs années, a contraint la France à se passer des manufactures anglaises dont elle était tributaire avant la révolution, en même temps que dans les autres marchés de l'Europe, ce système qui délivrait les manufacturiers français de la concurrence des Anglais, avait élevé les manufactures françaises à un tel degré de prospérité, que depuis la paix elles ont pu, soit en France, soit dans les marchés étrangers, soutenir la concurrence avec les produits des manufactures de l'Angleterre. Il serait sage de prévoir que, par le concours de plusieurs causes, parmi lesquelles il suffira de faire remarquer le perfectionnement des machines qui multiplient presque à l'infini les produits de nos manufactures, l'établissement et le développement des manufactures et de l'industrie dans des pays qui, comme l'Espagne, par exemple, tiraient des manufactures françaises une grande partie des objets nécessaires à leur consommation, ces manufactures, de même que certaines manufactures anglaises, n'auront pas des débouchés suffisans pour toutes les marchandises qui sortiront de leurs ateliers. Le débit de cet excédant des produits des fabriques françaises pouvant ne pas se trouver en France ni dans les autres pays de l'Europe chez lesquels l'industrie manufacturière aura fait des progrès, le gouvernement français doit penser à leur procurer de nouveaux débouchés.

Ces considérations doivent faire regarder comme un avantage inappréciable pour la France la restauration d'une colonie qui pourrait employer utilement un si grand nombre de Français sans état, et fournir à ses manufactures de toute espèce des acheteurs qui vont bientôt lui manquer, ainsi qu'à ses capitalistes, un emploi utile de leurs capitaux qui ne peuvent être utilisés dans les expéditions maritimes.

C'est sans doute, dans ces vues d'utilité pour le commerce français, que le Gouvernement a fait des efforts pour les établissemens du Sénégal sur la côte d'Afrique, établissemens qui, jusqu'à présent, ne paraissent pas avoir procuré les heureux résultats qu'on en avait espérés; et le nouvel établissement projeté dans l'île de Madagascar, et les dépenses pour la colonie de Cayenne. Mais quels que fussent les succès du Gouvernement dans ces établissemens, que seraient-ils, si on les compare avec les avantages immenses dont la restauration de Saint-Domingue serait la source pour notre marine, pour nos manufactures, pour la protection et la sûreté de nos

autres colonies des Antilles, et pour les colons qui récupé-
reraient leurs propriétés ?

. . L'intérêt de l'Etat et celui de ses manufactures vient donc
se joindre à l'intérêt des colons ; et si le gouvernement est
convaincu de l'indispensable nécessité d'ouvrir de nouveaux
débouchés aux produits des manufactures françaises, par la
formation des établissemens coloniaux, tous ses efforts et
tous ses moyens ne devraient-ils pas se porter de préférence
sur le rétablissement de Saint-Domingue, qui serait suivi du
rétablissement des propriétaires dans les propriétés dont ils
ont été expulsés par la révolte des noirs ; et par là l'Etat se
trouverait dispensé de payer à ces propriétaires l'indemnité
qu'ils seraient bien fondés à réclamer de lui, pour la perte
de leurs propriétés. On va établir en peu de mots le droit des
colons à cette indemnité.

*Que les colons seraient bien fondés à réclamer contre
l'Etat, une indemnité pour la perte de leurs propriétés.*

Jusqu'à ce moment des secours ont été accordés par le gouvernement aux colons de Saint-Domingue, réfugiés en France ;
ces secours qui figurent dans le budjet et sont votés chaque
année par les deux Chambres, sont essentiellement provi-
soires, et doivent cesser lorsqu'un ordre de choses définitif
aura remplacé l'état précaire et incertain des colons ; alors, ce
ne seront plus des secours que les colons auront le droit de
demander, mais des indemnités. On va, dans cette supposition, chercher à établir les principes sur lesquels les indemnités pourraient être fixées.

Les propriétés des colons peuvent être divisées en deux
classes ; les propriétés mobilières, et les propriétés immo-
bilières.

Si on ne consultait que les maximes de l'équité, les droits des colons à une indemnité devraient être les mêmes pour les choses mobilières que pour les immeubles. Par exemple, une indemnité pourrait être réclamée par les maîtres des esclaves affranchis, par suite des décrets de la Convention Nationale. C'est ainsi que le gouvernement anglais a payé, et qu'il paie encore tous les jours, aux anciens propriétaires, le prix des esclaves que les généraux anglais ont mis en liberté pour les incorporer dans les régimens noirs; par eux employés dans la guerre de Saint-Domingue.

Mais le droit des colons de Saint-Domingue à réclamer une indemnité contre le gouvernement, pour la propriété de leurs immeubles, peut être établi sur des principes positifs de droit public et de droit civil.

On doit d'abord distinguer, à l'égard des immeubles situés dans l'île de Saint-Domingue, la propriété de la possession. C'est un principe du droit que la propriété peut exister et se conserver indépendamment de la possession. *Vid. Leg.* 12, § 1 ; *et Leg.* 52, *ff. de adquirend. vel amitt. possess.* Les colons et leurs héritiers et ayant cause, continueront donc à rester propriétaires et seuls propriétaires des immeubles de Saint-Domingue, quoiqu'ils soient privés de la possession de fait de ces immeubles. La perte de leur possession, par la force et par la violence, n'a pu porter aucune atteinte à leur droit de propriété ; de même que la possession des détenteurs actuels de leurs biens n'est qu'une possession précaire, qui a pour origine la violence et l'injustice, et qui, par cette raison, ne pourrait pas, dans les termes du droit civil, acquérir la propriété aux possesseurs par la prescription. « Les immeubles contractent un vice réel, dit Dumod, « quand on s'en est emparé par voie de fait, malgré le pos-

« sesseur , et qu'on l'en a déjeté violemment , en sorte qu'il
« y aurait lieu à la réintégrande.

« L'effet des vices réels est , en matière de prescription ,
« que tandis qu'ils durent , non-seulement celui qui y a
« donné lieu , mais encore les tiers acquéreurs et possesseurs
« de bonne foi , ne peuvent pas prescrire. » (Voy. Dunod ,
Traité des Prescriptions , chap. 5.)

Les colons sont donc les seuls légitimes propriétaires du
territoire de l'île de Saint-Domingue , comme le Roi de
France en est le seul légitime souverain. Ils ont le domaine
privé du territoire , comme le Roi de France en a le domaine
éminent.

Ce domaine privé ou ce droit de propriété qui appartient
aux colons , n'est qu'un droit illusoire , dira-t-on , et il serait
plus raisonnable de céder à la nécessité ; et puisque les propriétaires légitimes ne peuvent en récupérer la possession ,
d'en faire l'abandon aux possesseurs actuels , moyennant le
paiement d'une indemnité qui serait stipulée en faveur des
colons propriétaires.

Ce serait ici le lieu d'examiner si les bornes de cet écrit
le permettaient , une grande et sérieuse question de droit
public , celle de savoir , si le gouvernement qui , d'après
les principes que nous avons ci-dessus développés , doit
aux propriétaires de Saint-Domingue sa protection et l'emploi de toutes ses forces pour les défendre contre l'usurpation de leurs propriétés , n'est pas tenu de les indemniser
de la perte de ces propriétés , s'il ne juge pas à propos de faire
les dépenses que nécessiterait la reprise de Saint-Domingue
sur les insurgés qui s'en sont emparés ?

Cette obligation du gouvernement français de protéger et
de défendre les propriétaires de Saint-Domingue , et même de

faire la guerre pour leur faire recouvrer leurs propriétés envahies par les esclaves révoltés, est incontestable en point de droit. « Parmi ceux, dit Puffendorf, que l'on peut et que « l'on doit même défendre, il faut mettre au premier rang « les sujets de l'Etat; et cela, non-seulement parce qu'ils « font comme partie du chef de l'Etat dont ils sont membres, « mais encore parce que c'est en vue de cette protection que « les hommes, auparavant libres, ont formé des sociétés « civiles (1), ou sont entrés dans celles qui étaient déjà « établies. » Puffendorf, *du Droit de la nature et des gens* (tom. 3, liv. 8, chap. 6, § 14).

Les propriétaires de Saint-Domingue étaient sujets de la France, puisqu'ils reconnaissaient le Roi de France pour leur souverain, que depuis plus d'un siècle ils s'étaient donnés la France et en faisaient partie, et que le Roi de France est encore aujourd'hui le seul légitime souverain de Saint-Domingue. Enfin, puisque c'était, et que ce ne pouvait être que pour se procurer la protection et l'appui de la France que les anciens propriétaires de cette île s'étaient donnés à cette puissance.

On ne doit pas dissimuler, toutefois, que Puffendorf ci-dessus cité apporte au principe du droit des gens qu'il enseigne une restriction que la raison et l'intérêt public avouent : c'est que « les puissances ne doivent prendre les armes pour « tirer raison des injures faites à quelqu'un de leurs sujets « en particulier, que quand elles peuvent entreprendre la « guerre sans attirer un mal plus fâcheux sur tout le corps « de l'Etat, ou sur un plus grand nombre de citoyens : car

____

(1) C'est ainsi que les *Campaniens*, après s'être donnés aux *Romains*, leur demandaient du secours, comme une chose que ceux-ci ne pouvaient leur refuser.

« le devoir des souverains regarde l'intérêt de tout plutôt
« que celui de chaque partie; et plus une partie est grande,
« plus elle approche du tout. »

Nous admettrons cette restriction de Puffendorf, et nous
conviendrons que si les efforts nécessaires pour récupérer
Saint-Domingue étaient au-dessus des moyens que la France
peut y employer sans compromettre les intérêts généraux du
royaume, les colons propriétaires n'auraient pas le droit de
les exiger. Mais, d'une part, il faudrait que l'inefficacité des
moyens dont la France peut disposer fût bien constatée; et
d'une autre part, la justice prescrirait, en faveur des colons
propriétaires, une juste indemnité, pour la perte de leurs
propriétés, comme une équitable compensatiou de leur droit
à requérir la protection de toutes les forces de l'état dont le
territoire, usurpé par les insurgés, faisait partie.

RÉSUMÉ.

Nous terminerons là ce que nous avions à dire sur Saint-
Domingue. On a prouvé, que les négociations entamées en
1816 avec les chefs des insurgés de Saint-Domingue reposaient sur des bases fausses et contraires au droit de souveraineté de la France.

On a prouvé que, soit que l'on consulte l'ancien droit
public de la monarchie, soit qu'on veuille se décider par les
principes admis comme fondemens de notre gouvernement
constitutionnel, la cession d'une province faisant partie de
la France et réunie à la couronne, ne peut en être démembrée par un traité, sans le concours des deux chambres; et,
de plus, sans le consentement des habitans de la province
cédée, qui, étant déliés de leurs obligations envers leur an-

cien souverain, recouvrent le droit de se choisir un autre souverain ; et que, dans tous les cas, le gouvernement français ne pourrait valablement renoncer pour les colons propriétaires à leur droit de propriété, qu'autant que cette renonciation et les conditions auxquelles il l'aurait consentie, seraient ratifiées par eux.

On a prouvé, que la renonciation de la France à son droit de souveraineté sur Saint-Domingue par le fait de la reconnaissance de l'indépendance des gouvernemens qui ont usurpé le pouvoir, serait contraire à la dignité de la couronne de France ; que son résultat serait la ruine de notre système colonial, et le coup le plus funeste qui puisse être porté à notre marine marchande et militaire, ainsi qu'à notre agriculture, à nos fabriques et à notre commerce.

On a prouvé, que les conditions stipulées par le gouvernement français, en faveur du commerce de ses sujets, comme le prix de la reconnaissance de l'indépendance de Saint-Domingue, seraient entièrement illusoires, et qu'elles ne peuvent être garanties par des gouvernemens qui, comme ceux élevés à Saint-Domingue, sont livrés à des chefs de factions toujours incertains sur le maintien de leur autorité, et même sur leur propre existence.

On a prouvé, que le prix qui serait stipulé par les chefs de ces gouvernemens précaires, pour l'indemnité accordée aux colons propriétaires de Saint-Domingue pour leurs propriétés dont le Roi de France ferait l'abandon en leur nom, pourrait encore moins être garanti que les conditions relatives au commerce des sujets français.

On a prouvé, que sans qu'il fût besoin de faire une expédition considérable, la France pourrait, par un simple blocus des ports et rades de Saint-Domingue, accompagné de l'établissement de quelques troupes de débarquement sur quelques points fortifiés, préparer la soumission des insurgés, en assurant, dès à présent, au commerce français les bénéfices exclusifs du commerce que fait Saint-Domingue avec les autres nations.

On a prouvé, que les plus hautes considérations politiques et commerciales se réunissent pour démontrer la nécessité, l'urgence, d'ouvrir à une population ambitieuse des voies nouvelles de fortune, ainsi qu'à nos fabriques et à nos manufactures de nouveaux marchés, et que la restauration de Saint-Domingue serait le plus sûr moyen d'atteindre ce double but.

Maintenant que ces vérités ont été développées, serait-il possible qu'il se trouvât des ministres trop peu jaloux de la dignité de la couronne, et assez ennemis de la prospérité de leur pays, pour conseiller à S. M. de reconnaître l'indépendance de Saint-Domingue et de renoncer, pour ses sujets propriétaires dans cette colonie, à leur droit de propriété, sans encourir une responsabilité immense? Si, jusqu'à ce moment, la profonde sagesse de Sa Majesté Louis XVIII a fait échouer tous les efforts employés pour faire reconnaître l'indépendance de Saint - Domingue, aujourd'hui que la France vient d'être replacée, par l'heureuse issue de la guerre d'Espagne, au rang qui lui est dû; lorsque les puissances de la Sainte-Alliance ont hautement proclamé les principes de la légitimité, et au moment où ces puissances vont faire l'application de ces principes aux colonies espagnoles et secourir noblement l'Espagne contre les insurgés de ces colonies, devrait-on craindre que le ministère français, en opposition avec le système suivi par toutes les puissances de l'Europe, conseillât à S. M. de renoncer à la souveraineté de Saint-Domingue par un traité fait avec les chefs des insurgés? Nous ne le pensons pas; et un semblable traité, si

des ministres avaient l'imprudence de le consentir, ne rece-
vrait certainement pas l'approbation des Chambres, approbation sans laquelle il ne pourrait, dans les maximes de
notre ancien droit public de la monarchie, aussi bien que
dans les principes du gouvernement constitutionnel, être
obligatoire pour la France ni pour les colons propriétaires.

FIN.

NOTES.

NOTE (A).

Ce fut seulement en 1694 que les Français de Saint-Domingue firent un débarquement à la Jamaïque, s'emparèrent de trois mille nègres et les transportèrent dans leurs possessions. On les attacha à la culture comme les engagés blancs qui jusqu'alors avaient seuls été employés aux travaux agricoles de la Colonie. Le nombre des engagés blancs diminua à mesure que celui des nègres s'accrut. Une compagnie française avait obtenu du Roi un privilége pour en fournir plusieurs milliers. A l'expiration, de son privilège, le commerce de France s'occupa de la traite. Ses progrès ont été tels qu'en 1790 il y avait, dans la partie française de Saint-Domingue, 575,000 noirs.

NOTE (B).

DES ANTILLES.

L'évacuation du territoire par les troupes alliées laisse à la France le libre exercice de ses moyens : rien ne s'oppose donc plus au développement des ressources qu'elle possède, et rien ne peut en retarder l'application aux différens canaux de la prospérité publique qui les réclament.

Si une barrière impénétrable ne doit pas éternellement sé-parer le passé de l'avenir, si l'histoire conserve encore à nos yeux quelque autorité, elle sera consultée ; et le ministère, en apprenant ce qu'on entendait autrefois par système colonial, ce qu'étaient nos possessions des Antilles , et quels avantages la France avait su en retirer , comprendra qu'il n'est pas de ques-tion d'économie politique qui mérite d'être autant approfondie que celle relative à Saint-Domingue , et sur laquelle il soit plus urgent de prendre une détermination vigoureuse et décisive : il sentira, enfin, que l'existence commerciale et maritime de la France en dépend. Au reste, quelle que soit cette détermina-tion , elle sera préférable à cet état d'incertitude et d'immobi-lité qui présageroit l'abandon de nos colonies ou exposerait l'administration au reproche d'impuissance ou d'incapacité.

La situation malheureuse et précaire des Antilles est connue de ceux qui ne sont pas entièrement étrangers aux affaires colo-niales. Tous savent qu'un sort pareil à celui de Saint-Domingue attend les autres îles, si l'Europe repousse plus long-temps les vœux qu'elles lui adressent, et refuse l'assistance dont elles ont un si pressant besoin.

Mais supposons qu'à l'aide de quelques demi-mesures on parvienne à retarder le moment de la crise, les justes craintes qu'elle inspire, en ébranlant la stabilité indispensable aux éta-blissemens coloniaux , suffiraient seules pour rendre impossible le durée de l'état actuel des choses.

Cette cause a déjà influé sur la valeur des propriétés foncières de la Martinique et de la Guadeloupe , dont la dépréciation est telle, qu'on ne trouve plus à les vendre , et que bientôt on sera forcé de les abandonner ; car le temps n'est pas éloigné où les possesseurs de ces biens , justement épouvantés du plus sinistre avenir , regarderont comme perdues les avances que leur en-tretien exige.

Les îles françaises ne sont pas seules exposées à cet éminent danger ; il menace également les Antilles anglaises et espagnoles. Si c'est à ce résultat que les métropoles veulent arriver, elles n'ont pas beaucoup à faire pour y parvenir ; mais au moins faudrait-il l'avouer ; on sauverait la vie à des milliers d'individus qui seront pris au dépourvu. Si au contraire l'Angleterre attache, comme il est raisonnable de le croire, quelque importance à l'un des débouchés les plus avantageux pour son commerce, et quelque prix à des productions qui l'enrichissent ; si l'Espagne, attaquée dans ses possessions continentales, comprend que les îles de Cuba et Porto-Ricco peuvent la dédommager de ses pertes ; si la France veut conserver la Martinique et la Guadeloupe, rétablir sa marine et rendre à son commerce maritime son ancienne splendeur, il est indispensable et urgent qu'on s'occupe de Saint-Domingue ; c'est le préalable à toutes les dispositions et à toutes les mesures que ces riches établissemens sollicitent, au nom de la justice et de l'humanité.

Lorsqu'à l'aide des connaissances locales et pratiques, on est parvenu à distinguer les élémens différens qui constituent les possessions continentales et insulaires de l'Amérique, on comprend fort bien alors pourquoi l'indépendance du Mexique et du Pérou n'aurait pas pour l'Europe des conséquences aussi graves que la consolidation d'un gouvernement noir à Saint-Domingue ; car, quelle que soit la fin de la lutte actuelle entre l'Espagne et ses colonies du continent, il est clair que si elles obtenaient leur émancipation, elles auraient un intérêt puissant à rétablir leur communication avec l'Europe : elles en conserveraient les mœurs, le langage et les lois ; aux rapports créés par le système prohibitif, succéderaient des relations nouvelles, fondées sur la réciprocité des besoins et des échanges ; les maux inséparables des révolutions auraient un terme, la paix et le travail les feraient oublier en les réparant. Le bouleversement des Antilles présente-t-il le même avantage ? Promet-il un pareil avenir ? Peut-on croire au progrès des lumières, et compter sur l'influence de la civilisation dans ces îles, quand, malgré les exemples offerts et les matériaux laissés par

les Blancs à Saint-Domingue, vingt ans ont suffi pour en faire
perdre le souvenir, pour en effacer toutes les traces ?

La restauration de Saint-Domingue a été l'objet de plusieurs
ouvrages imprimés ; différens projets ont été en outre soumis
au gouvernement : mais si, pour traiter une matière de cette
importance, le zèle, la pureté des intentions, et ce qu'on
nomme esprit, ne suffisent pas, l'ignorance qui ne peut rien
prévoir, et la vanité qui ne veut rien apprendre, y sont bien
moins propres encore.

A la vérité, nos faiseurs de systèmes n'y regardent pas de si
près. Ils sont si riches en bonne opinion d'eux-mêmes, que le
silence de leurs adversaires a toujours été pris par eux pour un
signe d'approbation. Tirons-les de cette erreur, et rappelons
ce que l'on feint de ne pas entendre, et ce que par cela même on
ne saurait trop répéter, qu'il est des contrées forcées d'être ce
qu'elles sont, ou de n'être rien du tout, et pour lesquelles chan-
gement et destruction sont des mots synonymes Telles sont les
Antilles, dont l'existence n'est possible qu'avec l'organisation
qui leur est particulière : Saint-Domingue a péri aussitôt que
l'esprit novateur a osé y porter atteinte.

Le droit des gens sera toujours inutilement invoqué à Saint-
Domingue, parce qu'aux yeux des hommes qui en sont aujour-
d'hui les maîtres, ce résultat de la civilisation européenne est
un être de raison qu'ils ne conçoivent pas. Si la différence
qu'offre à l'observateur la constitution physique des Nègres,
est insuffisante pour expliquer ce phénomène moral, à quelle
cause faudra-t-il l'attribuer ? Qu'on me dise pourquoi, du moment où l'Europe a été forcée de fuir le sol dévasté de Saint-
Domingue, les Nègres s'y sont montrés tels qu'ils sont en Afrique, des êtres rebelles à tout principe de morale, de justice
et de liberté ; et pourquoi les nations sont obligées de renoncer
envers eux aux engagemens qui reposent sur la foi publique ?
Au reste, quelle que soit à cet égard l'autorité de la raison et
de l'expérience, il est trop vrai qu'elle ne peut rien sur des

hommes que l'esprit de parti égare, pour qui l'honneur du triomphe est tout et ne saurait être trop chèrement acheté. Qui ne se rappelle ces anathèmes si souvent lancés à la tribune : Périssent les colonies, plutôt que l'un de nos principes ! Périsse la France, plutôt que d'être heureuse et tranquille sous un roi légitime ! Eh bien ! Saint-Domingue a péri, et le même gouffre a englouti notre marine et notre commerce. Deux fois la France a été envahie ; et, au lieu de rendre à la Providence des actions de grâces pour avoir sauvé le vaisseau de l'Etat battu par tant d'orages, à peine est-il rendu au port que, nouveaux Ajax, nous accusons le ciel d'impuissance et provoquons son courroux par nos blasphêmes et nos imprécations. Dût l'Europe redevenir un champ de carnage, la révolution ne doit point s'arrêter. Tels sont les vœux et l'espoir de la secte. Loin de s'en défendre, elle s'en glorifie, et reproduit avec la même impudence, et il faut le dire, avec le même succès, cette foule de lieux communs, de déclamations mensongères, de niaiseries sentimentales qui, malgré leur prostitution, poussée jusqu'au dégoût et au ridicule, conservent encore quelque influence, tant est grave et profonde l'atteinte que l'orgueil philosophique et le langage révolutionnaire ont portée au corps social.

J'entends dire partout que puisqu'il est impossible d'empêcher que ce qui est fait ne soit fait, la France doit remplacer l'ancien système colonial par un régime plus conforme aux mœurs et aux idées du temps présent, et substituer à la souveraineté de Saint-Domingue un traité commercial qui la dédommage de cette perte.

On ne fera à ce projet qu'une objection, c'est d'être inexécutable, et je ne sais pas même s'il faut s'en affliger. Tel est le sort de tous les plans dont les auteurs n'ont aperçu ni même soupçonné les conditions, qui seules peuvent les rendre possibles et praticables ! Je conçois très-bien qu'on puisse renoncer à un ordre de choses dont les résultats, quelque profitables qu'ils soient, sont repoussés par l'opinion publique ;

mais il faut alors renoncer aux avantages qu'il procure. Tant qu'on ne sera pas franchement résolu d'en faire le sacrifice, tant qu'on voudra les recouvrer après les avoir perdus, il faudra respecter les causes dont ils dérivent. Qui veut la fin doit vouloir les moyens. Que penserait-on d'un homme qui, après avoir séparé le tronc d'un arbre de ses racines, s'étonnerait de ne plus lui voir porter de fruit ?

D'ailleurs, pour faire un traité, il faut être deux ; et n'est-il pas assez démontré que les Nègres ne consentiront jamais à ce qu'on remette en question leur indépendance ? Cette question n'a-t-elle pas été, selon eux, jugée par la force ? Reste-t-il à la France, pour le maintien de ses droits, d'autre moyen à employer que celui dont ils se sont servis contre elle ? N'ont-ils pas déjà, à cet égard, repoussé toutes les propositions et rejeté toutes les offres ? Les bruits qu'on répand sur leurs bonnes dispositions peuvent bien être accueillis par les malheureux colons auxquels on a tout ravi, excepté l'espérance, mais ne méritent aucun crédit. Admettons néanmoins, ce que je suis loin de croire, que les Nègres attachent quelque prix à un acte de la métropole, qui, stipulant pour la France un privilège commercial, proclamerait en même temps l'émancipation des esclaves et légitimerait leur usurpation. Qui ne voit qu'élevés, par cet acte, au rang des puissances indépendantes, l'intérêt deviendrait dès-lors leur unique guide ; et la suppression de tout contrôle, l'affranchissement de toute obligation, le premier de leurs intérêts ? Ils déferaient donc le lendemain ce qu'ils auraient fait la veille, sans qu'on eût le droit de se plaindre et la faculté de l'empêcher. Qui peut le plus veut rarement le moins ; il ne faut pas attendre des Nègres une exception à cette règle générale.

Il reste donc à opter entre la soumission et l'indépendance. L'organisation des Antilles exige que la souveraineté soit indivise ; elle doit appartenir à l'Europe ; résider dans les mains des Blancs, ou il faut qu'elle tombe toute entière dans celles d'une race naturellement ennemie de la race blanche, et dont la haine et la vengeance, excitées par la différence des couleurs, ne seront satisfaites que par l'extermination de tout ce qui n'est pas noir. Avec de tels êtres tout traité de paix est une chimère, et l'état de guerre (1) une nécessité. Ainsi les projets formés pour conserver, à l'aide d'un arrangement, quelque influence ou obtenir quelque privilége à Saint-Domingue, s'ils n'ont pas pour base les conditions indispensables aux établissemens coloniaux des Antilles, sont ou des rêves de l'ignorance, ou des piges tendus à la crédulité par la mauvaise foi.

Il n'est donc pour Saint-Domingue que deux manières d'être : le gouvernement africain avec les conséquences qui, inhérentes à la race noire, le rendront le fléau de toutes les nations, ou l'établissement d'un ordre de choses assez fort pour protéger les Blancs et forcer les Nègres au travail. Il importerait peu aux colons que cet ordre de choses eût ou n'eût pas pour base l'esclavage : quelles que soient à cet égard les calomnies répandues et les préventions élevées contre eux en Europe, ils ne sont ni assez sots ni assez fous pour sacrifier à de vains mots leur fortune et leur existence. Ce qu'ils demandent, ce qu'ils ont droit d'obtenir, ce qu'enfin toute société doit aux membres dont elle se compose, c'est la sûreté des personnes et la conservation des propriétés. Or, si d'une part les Nègres sont absolument libres, ils ne travailleront point, quelque chose qu'on fasse et de quelque manière qu'on s'y prenne ; j'invoque ici le témoignage de tous ceux qui ont observé leurs mœurs et leur caractère en Afrique et aux Antilles ; et alors que fera-t-on d'une terre qu'il sera, faute de bras, impossible de cultiver ? Si, de l'autre, leur liberté n'est que conditionnelle, il faudra, pour protéger la vie des Blancs, que l'organisation nouvelle mette à

---

(1) Opinion de M. Brougham. Voyez son ouvrage : *An Inquiry into the Colonial Policy of the European Powers*

leur disposition une force proportionnée aux moyens d'attaque contre lesquels ils seront sans cesse forcés de lutter..... Nous voilà revenus dans le cercle vicieux d'où l'on ne peut sortir en effet que par l'émancipation absolue des esclaves et la proscription des blancs, ou par une constitution qui, en rétablissant la prééminence de la couleur blanche à Saint-Domingue, soit en harmonie avec les autres Antilles.

Il faut le dire, cette émancipation est l'objet des vœux, le but des efforts d'une secte qu'un faux zèle a rendue barbare au point de croire que sa prédilection pour les Noirs l'absout de ses attentats envers les Blancs ; mais les coryphées de cette secte, jadis si circonspects, aujourd'hui si audacieux, ont-ils bien réfléchi aux suites funestes du bouleversement qu'ils provoquent avec autant de témérité que d'imprévoyance ? Sont-ils sûrs que le mal se bornera à l'île de Saint-Domingue ? Les autres Antilles sont-elles à l'abri de tout danger ? Ceux qui les habitent ont-ils moins de droit à notre sollicitude que les noirs de l'Afrique ? Serait-ce parce qu'ils sont de tous les Français les plus laborieux et peut-être les plus utiles, qu'ils doivent être livrés sans défense à la rage de leurs esclaves révoltés ? Ce n'est pas tout encore. Comment l'Europe ne s'aperçoit-elle pas que le sacrifice des richesses dont la source est aux Antilles, que la fuite ou le massacre des Blancs, abandonnés par elle, ne seront pas les seuls maux auxquels elle se sera exposée, les seuls torts dont elle aura à rougir par l'établissement d'un gouvernement noir à Saint-Domingue.

Il importe de rappeler ici un fait sur lequel on ne saurait trop insister ; c'est que l'abolition de l'esclavage et l'expropriation forcée des blancs n'ont pas rendu les nègres plus actifs et plus industrieux. Quelle que soit la complaisance de certains voyageurs ou correspondans, dont les relations fabriquées en Europe ont pour but de cacher la vérité, on sait que les Noirs ne satisfont en partie à leurs besoins qu'aux dépens de leurs voisins qu'ils appellent dans leur détresse, et qu'ils mutilent ou égorgent après les avoir volés. Persister à croire , malgré l'expérience , qu'ils renonceront à leur brigandage pour travailler et échanger les produits de leur sol et de leur labeur, c'est vouloir que du désordre et de l'anarchie, du pillage et des massacres, de l'inaptitude de l'esprit et de la férocité du caractère, naissent le goût du travail, l'habitude et l'exercice des arts utiles ; c'est se flatter que les vices d'un peuple corrompu et naturellement barbare, par cela seul qu'ils cesseront d'être comprimés, deviendront des moyens d'ordre ou de prospérité , et se changeront en instrumens de civilisation.

Les nègres seront donc aux Antilles ce qu'ils ont été de tout temps en Afrique , et ce qu'ils sont maintenant à Saint-Domingue...... Là où la loi du plus fort est érigée en principe et légitime tout, il est absurde de compter sur le droit des gens ; là où la piraterie est une profession honorable , chaque prise fournit les moyens d'en faire d'autres. Ainsi, pour savoir ce que deviendra un jour le commerce de l'Europe et de l'Amérique , si l'indépendance des Noirs est reconnue à Saint-Domingue, il suffit de réfléchir aux avanies qu'il éprouve dans la Méditerranée.

A quoi servent les traités que les puissances font de temps en temps avec les gouvernemens barbaresques? Si malgré les forces dont elles disposent, si malgré les progrès qu'elles ont faits dans les arts et dans les sciences, ces mêmes puissances sont obligées de souffrir que quelques renégats , le rebut et l'écume des nations, exercent avec impunité le plus odieux brigandage, que deviendra , je le répète , le commerce européen avec le Nouveau-Monde , lorsque toutes les Antilles , au lieu d'être un pont de communication avec le continent, changées en repaire de pirates, couvriront la mer Atlantique de leurs corsaires? Bloquera-t-on alors leurs ports par des escadres , ou achètera-t-on leur bienveillance par des tributs? Quel a été le résultat de l'expédition plus brillante qu'utile de lord Exmouth? J'en fais à regret la remarque ; mais il n'est que trop vrai que c'est de cette époque que date l'apparition du pavillon algérien dans les murs du Nord. Les présens que les Américains font à Christophe les ont-ils mis à couvert de ses violences et de ses rapines? Et malgré quinze bâtimens de guerre, composant la station de la Jamaïque, l'Angleterre n'a-t-elle pas perdu, dans une année, trente bâtimens marchands capturés par les révoltés de Saint-Domingue, et dont les équipages ont été en partie massacrés par eux? Les exécutions sanguinaires de ce même Christophe, l'administration anarchique des mulâtres de l'Ouest sont-elles faites pour dissiper nos craintes et nous rassurer sur l'avenir?

Maintenant, je le demande au nom de tous les Blancs qui vivent aux Antilles, et dont l'existence est dejà si fortement compromise, se contentera-t-on de demi-mesures? Aura-t-on recours à de nouveaux essais? Pour moi, je suis épouvanté de cette manie d'innover, qu'aucune réflexion ne retient, qu'aucun revers ne corrige. Il semble pourtant qu'elle nous coûte assez cher, et que nous n'avons rien à gagner à nous roidir contre les terribles leçons de l'expérience.

S'il est donc démontré que la navigation de la Méditerranée ne sera sûre et tranquille que lorsque les régences barbaresques seront détruites, par quelle fatalité souffre-t-on que des associations plus dangereuses encore s'établissent là où elles n'ont qu'un commencement d'existence, là où elles seront d'autant plus redoutables, qu'à raison du nombre et de l'éloignement, il sera plus difficile de les atteindre et de les punir?

Je n'ai voulu qu'indiquer le vice principal du système que je viens de signaler, je laisse aux gens plus instruits le soin d'en peser toutes les conséquences; mais, avant de finir, je crois devoir soumettre aux réflexions de ceux qui liront cet article, le dilemme suivant:

Est-il plus convenable et plus juste que les Antilles deviennent la proie des Noirs, et que nos parens et nos amis soient exposés à y être égorgés comme l'ont été ceux qui ont péri à

Saint-Domingue, ou que cette île soit soumise au même régime que les autres, rentre sous les lois de la métropole, et fasse de nouveau partie de la république coloniale? Sera-t-il dit que trois cent mille Africains arracheront à trente millions de Français la plus belle et la plus utile de leurs possessions, celle qui fut pour eux une mine inépuisable de richesses, à laquelle la France dut l'accroissement et la splendeur de ses villes maritimes; le commerce sa prospérité, et l'industrie ses conquêtes; celle enfin qui, ouvrant à l'activité française une carrière immense à parcourir, peut seule la dédommager de ses pertes, et réparer une partie des maux que la révolution a causés?

Tel est le point de la question; telle est l'alternative à laquelle la France est réduite : le temps presse, il faut choisir.

Le Comte DE BRUGES.

(Extrait du *Conservateur*, tom. II, 23e livraison. — Mars 1819.)

FIN DES NOTES.

DE L'IMPRIMERIE D'A. ÉGRON.

www.ingramcontent.com/pod-product-compliance
Ingram Content Group UK Ltd.
Pitfield, Milton Keynes, MK11 3LW, UK
UKHW051842140726
13696UKWH00007B/1102